查尔斯·罗伯特·达尔文（1809—1882），
英国博物学家、进化论的奠基人

达尔文小传

查尔斯·罗伯特·达尔文(1809—1882),英国生物学家、进化论的奠基人。他以博物学家的身份,乘"贝格尔号"舰参加了历时5年的环球航行,对所经之地的动植物和地质结构等进行了大量的观察和采集,提出了生物进化论学说,在1859年出版了《物种起源》这一划时代的著作,震动当时学术界。除了生物学,他的理论对人类学、心理学、哲学的发展也产生了不可忽视的影响。恩格斯将"进化论"列为19世纪自然科学的三大发现之一。1882年4月19日,这位伟大的科学家因病逝世,他的遗体安葬在伦敦威斯敏斯特教堂墓地,牛顿墓的旁边,以供后人瞻仰。

达尔文死后的100多年又过去了,关于物种起源的话题依然在世界范围热烈地讨论着,因为科学探索是没有止境的,叩问生命之源的声音仍在在轻轻地呼唤着后世的人们,更多的人踏着达尔文的足迹仍在前行,这个地球上还有许多神奇的秘密等着去解开呢!

叩问生命之源

达尔文传

董恒波 著

華文出版社
SINO-CULTURE PRESS

图书在版编目（CIP）数据

叩问生命之源：达尔文传 / 董恒波著. — 北京 ：华文出版社，2013.4（2013.8重印）
（可爱的“坏孩子”·世界伟人成长传记系列）
ISBN 978-7-5075-3966-0

Ⅰ. ①叩… Ⅱ. ①董… Ⅲ. ①达尔文，C.（1809～1882）－传记 Ⅳ. ①K835.616.15

中国版本图书馆CIP数据核字（2013）第056655号

叩问生命之源：达尔文传

著　　者：董恒波
出版策划：李红强　罗　亭
责任编辑：杨艳丽
出版发行：华文出版社
社　　址：北京市西城区广外大街 305 号 8 区 2 号楼
邮政编码：100055
网　　址：http://www.hwcbs.com.cn
电　　话：总 编 室 010-58336239　发 行 部 010-58336212 58336238
　　　　　责任编辑 010-58336251
经　　销：新华书店
印　　刷：三河市华丰印刷厂
开　　本：710×1000　1/16
印　　张：10.75
字　　数：103 千字
插　　图：8 张
版　　次：2013 年 4 月第 1 版
印　　次：2013 年 8 月第 2 次印刷
标准书号：ISBN 978-7-5075-3966-0
定　　价：20.80 元

序

让梦想成真

如果达尔文活到今天，他已经是204岁的老人了。这200年间，世界发生了太大的变化，特别是高科技的发明，诸如电灯、电话、电脑、飞机、汽车等，都是在近200年里才出现的。与科学技术相比，人的身体并没有多少变化，从西汉三国时期考古墓葬里发现的古尸解剖资料来看，两千年前古人的脑容量和身高、面貌等，与今天的人都没有什么差别。

探索这个地球上的生命之源，一直是科学家们研究的重要课题，达尔文是这个领域里一位卓有成效的佼佼者，地球在旋转，时光在流逝，但人们不会把他忘记，尽管他的理论在今天仍备受争议。

说到本书的主人公，少年时期肯定不是一个听话的"好孩子"，在中学读书时，他的校长曾说他是"不可救药"了。这个背着"坏孩子"名声的少年，却仍然能够快乐地去做自己喜欢的事情。这到底是怎么一回事呢？笔者在相当长的一段时间，就沉浸在他的故事里,并试图用笔来发掘这位200年前的先辈的心灵秘密。

值得让大家思考的是,达尔文身上的叛逆性格,是应该提倡呢,还是给予扼制?当你翻阅这本书的时候,你会发现,笔者是带着欣赏和赞美的语言来讴歌"坏孩子"达尔文的。因为我们现在培养下一代太需要出现更多的像达尔文这样有创造性的人才了。

但是,面对中国的教育现状,我的忧虑之心却总是挥之不去。现在,我们的生活条件、科研条件早就比达尔文的年代好多了,可是我们这些年究竟出了多少让世界瞩目的科研成果呢?有是有,但与一个大国的地位相比,还是太少了。由此我想到,我们的学校家庭,到处都在培养"听话"的好孩子,中规中距,不要越雷池一步。我们能容忍少年达尔文的行为吗?

这是不争的事实:即使在今天,当年的"坏孩子"达尔文的行为,也要受到相当多的家长们的质疑或者强烈的批评,也许我们的身边就有无数个小达尔文,他们的身上蕴藏着无穷和想象力和创造力,可是,还不等到他们长大,就已经被改造成"好孩子"了,成为一个平庸的无所事事的好人。笔者在写作这本书的时候,就常常想,百年以来,为什么中国人在自然科学方面从没有摘过诺贝尔奖。(本书的创作期间,欣闻莫言获得了2012年的诺贝尔文学奖,真是高兴极了,觉得他给中国的文学争了气)原因固然很多,我想其中一个就是与学校环境和家庭的教育有关系。

达尔文的父亲是曾经那么坚决地让儿子学医学、学神学。但儿子还是最终选择了自己喜欢的事业,他在20多岁时,跟着船队去环球旅行，那是需要冒险的，也是需要很大的一笔钱的。最初反对他此行的父亲，最后不还是拿出一笔巨款支持他了吗？另外，达尔文在大学时，不是去野外收集标本，就是在大学的课堂上搞辩论，这一切之所以能够从他的想法变成行动，都是离不开环境的。

所以，让思想冲破牢笼，仍然是我们面临的重要课题。为我们的下一代创造或者提供一个相对宽松自由的环境，不能用一个统一的模子来机械化地培养学生，这才是我写作本书的要旨和追求的意义。

需要提及的是，我曾写过一些人物传记，比如航天英雄杨利伟，比如当代雷锋郭明义。我都有机会亲自采访他们，与他们面对面地交谈着生活的往事，探求着人生的话题。可是写达尔文我只能到书店里买有关他的书籍，跑图书馆里查他的资料，在网上寻觅着他点点滴滴的记录。虽然这本书是小说，有大量的细节是我艺术虚构和加工的，但达尔文基本的生平经历，我绝不敢妄加编造。本书参考了许多前人积累下来的材料，我向他们表示敬意和感谢。

由于视野与水平所囿，本书肯定会有诸多的缺陷，诚望各位专家教正。

每章后面的阅读思考，也是笔者加上的，是对上面章节的概括提要，也是作者的思考浓缩。其中的一些观点，和正文里笔者偶尔跳出来的议论一样，都是仅供您参考的。

最近，“中国梦”一词相当流行，我忽然想到，达尔文其实就是一个从小有梦想的人，也是一个能让梦想成真的人。希望我们的小读者都能有“中国梦”。有梦想的人才是幸福的，愿你们自己的奋斗和努力,让梦想成真。

好了,说了不少了。还是请您来读小说吧。

笔者带着十分敬畏的心情期待着您的批评。谢谢了!

目　录

第一章　被父亲斥为野孩子

来自大西洋的海风，像一把柔韧的梳子，梳理着英国的田野。

鲜花、绿草、蓝天、白云，还有那林中的小鸟、池塘边的蜻蜓，对所有的孩子都会有着不可抗拒的吸引力。在这样一个春风和煦的日子里，扑入大自然的怀抱总是一件快乐的事情吧。

一个孩子，一个年仅 6 岁的孩子，玩起来往往就会忘掉时间的。他忘掉了吃饭，忘记了回家。后来，他被父亲逮住了。父亲已经在家的院内院外找了好长时间，才在这个花园看见了儿子的影子，他是气势汹汹跑来的，一把抓住了儿子的胳膊，像逮住了一只小鸟儿，生怕一松手他就会飞跑似的。

儿子倔强地从父亲的胳膊中挣脱出来，但并没有跑。

父亲绷着脸，严肃地站在儿子的面前，像一尊冷酷的雕像，没有表情。过了一会儿，他用右手按着儿子的头，说："我和你说过多少次了，你还没有记住吗？你难道真的没有记住吗？”

儿子倔强地瞅了父亲一眼，说：“我，我……”

“你，你什么！你不能再这样每天东跑西窜了，简直像一个野孩子。要知道，你生活在一个有教养的家庭里，我们家是贵族，不是贫民！”父亲说着又用手按了一下儿子的头。

儿子的头像一个弹簧似的，父亲的手一松，就又挺了起来。

儿子看着父亲的表情，再没有公然顶撞。儿子此时的年龄是6岁，一个6岁的男孩子，正处于贪玩的年龄，总不能像鸟一样把他关在笼子里吧。不知什么时候，这个孩子的母亲出现了。

母亲用手牵了一下父亲的衣角，说：“达龄（英语，亲爱的意思），你别生气了，还是把他交给我吧！”

“这真是一个没有出息的孩子，再不管教，他也许会淘气得像个蚯蚓钻到泥土里，像个鸟儿飞到树尖上。你这个当母亲的，必须要严加看管！再这样下去，不可救药，不可救药呀！”

母亲满脸微笑地看着父亲，她是要用这沉着的微笑拂去父亲心中的怒火。母亲显然早已知道父亲为什么对这个6岁的孩子如此愤怒，因为这样的事情毕竟不是初犯了，一个小时前,父亲让儿子在房间里温习功课,可是一转身,儿子就跑到了森林边上的池塘里抓蝌蚪,看看他眼前的样子吧,哪里像一个出身高贵、有教养的孩子,简直就是一个沿街乞讨的流浪儿。你看,他的身上脸上到处都是泥巴,刚刚换过的衣服上沾满了泥点子,还有那两只皮鞋,一只的鞋带早已脱落了,另一只鞋灌满了泥水,根本就看不出原有的皮面了。

就在刚才,母亲看见儿子的手里曾提着一个玻璃瓶子,那里面装着几十个黑色的小蝌蚪。玻璃瓶子里有水,小蝌蚪在玻璃瓶子里游着,儿子全神贯注地看着玻璃瓶里的小蝌蚪,像欣赏一首美丽的田园音乐。是的,那些小蝌蚪不就像是音乐谱表上的音符吗?可是儿子没有想到,就在他欣赏小蝌蚪谱写的自然之歌时,父母已经悄悄地来到了他的身旁。儿子更没有想到,父亲以突然袭击的方式,把他手里的玻璃瓶子猛然夺下,然后把那些小蝌蚪一股脑儿地倒进了身边的池塘里,又把那个儿子喜欢的玻璃瓶子扔到了泥潭中。那个玻璃瓶子在空中划了一个弧线,春天的阳光在玻璃瓶子上折射出七彩的光芒。那光芒瞬间就消失了,玻璃瓶子落在泥潭时,发出了一个“扑”地不算太大的响声,然后就沉下去了,瓶子在儿子的视线里消失了,又从水中露出了一串气泡,像是有很多话要与他的小主人诉说。可是就在儿子猛然地跑向那个水潭的时候,他的耳朵被父亲紧紧地抓住了。

“达龄,他还小呢,他会听我的话的,你就放心吧。我做母亲的,知道怎么教育孩子。”母亲边说,边用手推着父亲,意思是让父亲离开树林和小池塘这个地方。“你是医生,你有那么多重要的事情要做。”你快忙你的工作去吧！”母亲又补充了一句。

父亲看了母亲一眼，鼻子里“哼”了一声，转身走开了。

这个6岁的儿子，就是后来成为世界著名的生物学家、博物学家、进化论奠基人的达尔文。父亲叫罗伯特·瓦尔宁·达尔文，在当时可是一位名人。他是英国最知名的学府爱丁堡大学医学院的医学博士。稍后，我们会详细地介绍这位著名的医生。

达尔文的母亲名字叫苏珊娜。

按理说，达尔文出生在这样一个衣食无忧的家庭，有着习俗中被人尊敬的“贵族血统”，应该从小娇生惯养，可是世界上的事情有时总会让你感到奇怪。小时候的达尔文，就表现出了一种与众不同的叛逆性格。他从来不按照父亲的旨意来改变自己的爱好，从小就有自己的主见。用一句大人们常说的话，他很固执、很淘气。他的这种性格很早就暴露了出来。

就在几天前，在树林附近的池塘边父亲狠狠地把达尔文的蝌蚪扔掉之前的几天前，达尔文已经和父亲干过好几仗了。父亲曾生气地说，再也不管这个孩子，如果他再这样淘气下去,他们家就不要他了。他愿意到哪儿玩,就到哪儿玩去吧。

这样的狠话也没法把达尔文的心收回来。

父亲甩头生着气走了。母亲苏珊娜回过身来,用手轻轻地拂掉了儿子身上的泥土。“孩子,跟我回家吧,我给你洗个澡。”

“妈妈,我现在不想回去。”

“那你要做什么呀?”

“妈妈你来树林里做什么?”达尔文没有直接回答妈妈,而是瞅着妈妈的眼睛问。

“我是来树林里栽树的,你看,树林边就是咱们家的花园,我刚刚栽下了几棵小树。”

达尔文果然看见了在树林边的那个小花园里的几棵小树。“妈妈,我也要和你一起来栽树!”

母子俩手拿着铁锹开始在花园里为小树培土。6岁的孩子真有意思,一转身,就把刚才的不快全都忘掉了。达尔文又欢快得像一只小鸟儿围着妈妈。他用小手挖着土,一会儿就累得满头大汗,却觉得非常快乐。

妈妈打心里喜欢这个淘孩子,一边干活,一边不停地和孩子聊着天。

“泥土是个宝,小树有了泥土才能生长。别小看这泥土,是它长出了青草,喂肥了牛羊,我们才有奶喝,才有肉吃;是它长出了小麦和棉花,我们才有饭吃,才有衣穿。泥土太宝贵了。”

“妈妈,按你这样说,泥土脏吗?”达尔文问母亲。

“泥土怎么会脏呢?不脏。”妈妈答。

“那,你看,我身上和脸上沾了这么一点泥土,是不是很可怕呀,是不是像个野孩子呀?”达尔文两只眼睛盯着妈妈问。他的心里还记得刚才父亲说他像一个野孩子呢。

妈妈笑了笑,说:“我家的达尔文怎么能是野孩子呢?你爸爸管教你,是因为他对你的前途有他的目标。你呀,长大了就知道了,没有必要和爸爸生气哟。”

达尔文似懂非懂地点了点头。接下来,他又把话题转回到了泥土上。

“妈妈,你说泥土那么好,能长出那么多有用的东西,那我问你一个问题好吗?”

母亲瞅着达尔文,她对这个孩子喜欢问问题早就习以为常了,而且提的问题总是稀奇古怪的,谁知道他这回又要提出什么问题呢。

达尔文的眼睛看着妈妈,问:“告诉我,那泥土能不能长出小狗来?”

“泥土里长出小狗来?不能呀!”妈妈笑着回答。

“为什么不能?”达尔文显然是对妈妈的回答不满意。

母亲当然知道眼前的这个淘孩子是不好对付的,6 岁的达尔文可不像别人家的小孩子,几句话就能蒙骗过去,他是一个善于刨根问底的人,小小的肚皮后面好像装着十万个为什么,想回答他的提问,真得动一番脑筋呢。

“孩子,妈妈告诉你吧,为什么泥土里不能生小狗,因为呀,小狗是狗妈妈生的,不是泥土里长出来的。”

母亲说完了,笑着看着达尔文,她对自己的回答是满意的,甚至可以给一个一百分的。可是,达尔文似乎不这样想,他的两只眼睛转了转,又开始了新的提问。

“我是妈妈生的,妈妈是姥姥生的,对吗?”

“我的孩子真聪明,你说得太对了。所有的人都是他妈妈生的。”母亲喜欢得拍了拍达尔文的脑袋。

“那,那,那最早的妈妈又是谁生的呢?”达尔文的嘴巴嘟哝着,又把目光射到了妈妈的脸上。

“最早的妈妈?是谁生的?”达尔文的母亲确实没有考虑过这个问题。可是面对着眼前的这个6岁孩子的提问,她怎么能交白卷呢。哦,聪明的苏珊娜女士还是想出了对付达尔文的话:“最早的妈妈是谁生的?这个问题,我给你讲吧。”

“听说最早的妈妈的名字叫夏娃,是《圣经》里说的,对夏娃,我没有更多的了解,不过,我知道圣母玛丽亚。”

“哦,那么,夏娃和玛丽亚是谁生的呢?”达尔文似懂非懂地瞅着妈妈,显然,他没有对妈妈的回答十分满意,而是继续刨根问底。

“说呀,夏娃和玛丽亚是谁生的呢?”

“那就是上帝生的吧。”

说完后,母亲又瞅着孩子笑了,她这次把上帝都搬出来啦,在英国,谁不信奉上帝呀。说出了上帝,就等于把这个问题画上了一个圆满的句号。母亲在心里说:“天呀,我的上帝,我怎么生了这样一个总爱刨根问底的野孩子呢!”但母亲绝不会当着达尔文的面,说他是野孩子。

“哦,最早的妈妈是上帝生的?那,那上帝又是谁生的呢?”

上帝是谁生的?达尔文的母亲苏珊娜女士从来也没有想过这样的问题。上帝在那个年代,是每一个成年的英国人虔诚信奉的偶像,是神灵,是不可亵渎的至高无上的主宰。谁又能把上帝生出来呢?

母亲回答不上来了。

一个6岁的孩子提出这样的问题,好像与他的年龄不相符,这个问题是太深奥了,还是太简单了,苏珊娜也不知道。

此时,母亲只能用含糊的语言说:“孩子,世界上有好多事情对我们来说永远是个谜,妈妈承认,你刚才问的那个关于上帝的问题,妈妈也不知道。你呀,就像眼前的这些小树一样快快长大吧,等你长大了,这些谜你就可以一个一个地解开了。”

“妈妈,你等着吧,我会把上帝的问题还有其他问题都找到答案的!”达尔文的目光从妈妈的脸上移开,看着太阳的方向。

强烈的好奇心和求知欲使年幼的达尔文把家里的花房、花园和门前大河两岸的绿色世界当成了自己最早的课堂。他不但天生喜爱动物,还喜欢收集各种植物、贝壳和矿物的标本。他时常独自坐在河边或塘边,静静地注视着水下游动的小鱼和缓缓流动的河水。在妈妈的悉心指导下，他学会了怎样根据花蕊来识别花草，怎样记住各种花草和树木的名称。随着对生物了解的不断加深，他对生物的兴趣也愈来愈浓了。

也许正是出于对生物的喜爱，达尔文对各种小生命也总是格外珍惜。他很喜欢摸鸟蛋，但绝不将鸟蛋全部拿走，否则他觉得鸟妈妈太可怜、太孤单了。

阅读思考

① 达尔文喜欢玩，喜欢小动物，喜欢亲近大自然，反而被父亲视为“野孩子”，他的父亲对吗？

② 如果一个孩子从小就被人关在屋子里，玩各种高档的玩具，你相信他会成为一个有用之人吗？你是怎么看待这个问题的？

第二章 从小“游手好闲、不务正业”

1809 年 2 月 12 日，达尔文出生在英国的一座叫什鲁斯伯里的古城。

这座古城位于塞文河的一道河湾处，风景秀丽，气候宜人。塞文河是英国最长的一条河流，全长有 338 千米，曲折蜿蜒，像一条绿带环绕着英国的大地。

达尔文是这个家族里的第五个孩子，他有一个哥哥和四个姐妹。关于达尔文的名字我们还应该再提一下，外国人的姓名不像咱们中国人那样姓与名很好辨认。达尔文的全称是查尔斯·罗伯特·达尔文，我们只要记住达尔文这三个字就可以了。

前面我们提到过达尔文的父亲，那个著名的医学博士，现在我再来给你们描绘一下这位医生。达尔文的父亲是一个身材高大的人，他的个子有 1.88 米，很胖，50 岁左右时体

刚刚上学时，达尔文常常迟到，老师起初有疑问：达尔文的家庭条件优越，上学的路途也不是很远，为什么这个孩子总是迟到呢？原来，达尔文的家与学校之间有一片小树林，里面藏着各种鸟类和小动物、路边长着各种各样的花花草草。达尔文背着书包上学的时候，常常被这些花草和小动物吸引，即使是一声平常的鸟鸣或者蝈蝈的叫声都会像磁铁石一样吸引住他的双脚。

名家名言

敢于浪费哪怕一个钟头时间的人，说明他还不懂得珍惜时间的全部价值。

名家名言

我之所以能在科学上成功，最重要的一点就是对科学的热爱，坚持长期探索。

重足有160公斤,是160公斤呀,你能想象这样的人站在你的面前就像一座山似的。老达尔文人长得大,说话也有分量。他对孩子的教育从来就是强制性的,说一不二,用中国的俗语形容说,吐口唾沫就是钉。

第五个孩子小达尔文出生了,老达尔文对他是寄托着希望的。家里的老大,也就是达尔文的大哥也是个男孩儿,另外几个孩子都是女孩。大哥对文学、艺术非常感兴趣,后来又开始学习化学。老达尔文对大哥的事业目标是支持的,但他有一个愿望,想找一个接班人,走自己的学医之路,他把这个希望寄托在小达尔文身上了。

老达尔文常常与小达尔文和他的母亲诉说着自己的成才之路:他从小就以学习用功而受到众人的赞誉,他获得医学博士的年龄是多大?才仅仅21岁,这里面融入了他多少辛苦的钻研和努力呀。20多岁时的老达尔文不但有着扎实的书本知识,还在大量的社会实践中积累了丰富的经验。刚当上医学博士不久的老达尔文曾开了一个诊所,挂牌时间不长,就迎来了许多就诊的患者。老达尔文凭借着自己的知识和智慧解除了一个又一个患者的痛苦。他悬壶济世妙手回春的从医经历,让自己尝到了医生这个职业给家庭带来的美誉，手术刀、听诊器、白衣服这些象征着天使的器物成为老达尔文教育小达尔文的最初教材。

“跟我学医吧，长大后也和我一起出诊为患者治病，好孩子，你一定会成为一个出色的医生的，我会好好地教你的。”老达尔文一次又一次地瞅着孩子的眼睛，要手把手地把小达尔文领上学医之路。望子成龙的心情迫切，是可以理解的，但变成现实就不是那么容易了。

最初听到这样的教导，小达尔文只是笑笑，他把父亲摆在他面前的这些医疗器械当成玩具把弄着，玩着玩着就都玩够了。而那些本来都是非常宝贵的医疗设备，老达尔文平时是不允许别人来碰一下的，多看了几眼，老达尔文都会心疼。可是老达尔文还是愿意让自己的这个孩子多接触一些，为什么，就是要让他从小喜欢这些东西。

可是小达尔文的表现，一次次地让老达尔文失望。

小达尔文对老达尔文的谆谆教导并没有记在心里。他对医学从来就没有产生过兴趣。

那么，小达尔文喜欢什么呢？

达尔文从小就喜欢花草树木、鸟雀虫鱼。这似乎是一种天性。刚刚上学时，达尔文常常迟到，老师起初有疑问，凭达尔文的家庭条件，衣食无忧，他家与学校的路途也不是很远，为什么这个孩子总是迟到呢？老师和家长沟通情况之后，原因很快就找到了。

是什么原因让达尔文总是迟到呢？

原因就在上学的路上。达尔文的家和学校之间有一片小树林，树林里总是有着各种鸟类和小动物，路边上有着各种各样的花花草草。达尔文背着书包上学的时候，常常被这些花草和小动物们吸引了注意力。一声平常的鸟鸣或者蝈蝈的叫声都会像磁石一样地吸引住他的双脚。

你可能已经了解到，达尔文生活的英国，和我们中国不一样，它其实是一个岛国，以大不列颠岛为中心，周围分布着大小不等的岛屿。再加上爱尔兰岛的一部分，便构成了整个国家。国土分布在北纬 50 度到北纬 60 度之间，伦敦位于北纬 51 度，相当于黑龙江北部的位置。许多人可能会认为那里纬度如此之高，冬季一定很冷了。其实不然，因为从墨西哥湾有股强大的暖流对英伦三岛影响很大，即使在冬天，这里也是温暖多雨，特别是面对暖流的西海岸尤为明显。每到 5 月，漫长的冬季便为春天所取代，花儿也都开始露出笑脸。特别是到了 6 月，大街小巷便会开满英国的国花——玫瑰。

在这样的一个鲜花盛开的季节里，达尔文怎么能老老实实地坐下来学习呢！在小达尔文的眼睛里，大自然就是一所最美丽的学校。多么美好的大自然呀，这里没有考试，也没有那么多的作业。想怎么玩，就怎么玩。

是的，前天看见的那棵小花儿露出了花苞，今天早晨已经绽开了花朵，它能持续多久呢？那棵歪脖子树上有一个马蜂窝,一群马蜂飞来飞去的,都在忙什么呢?还有,就在那个石板边的硬地里,钻出了一个小蘑菇,这个蘑菇是谁种的,为什么蘑菇会长成小伞的形状呢?咦?那边又有几个小蘑菇,可是这些虽然都是蘑菇,为什么有的蘑菇长得花花绿绿,有的却是灰灰的颜色呢?听妈妈说过,有的蘑菇可是有毒的,吃了会死人的。那么,毒是从哪儿来的呢?是从地底下生长出来的吗?

喜欢提问题的达尔文就是这样,他常常一个人站在树林里和大自然对话。他有时觉得自己的这些语言,大自然是能听懂的。

怎么听不懂呢?达尔文朝着树梢上的那只小鸟儿大声地叫着:“喂,亲爱的小鸟儿,你唱的歌真好听,再给我唱一个好吗?”

小鸟儿真的像是听懂了达尔文的话,站在树梢上继续喳喳地唱了起来,小鸟儿那优美的歌声像阳光一样把树林照亮了,也照亮了达尔文的世界。他觉得生活真是太神奇了,大自然更是充满了乐趣。

在这样一种心情下,达尔文上学不迟到才怪呢?

老师和家长弄清了达尔文上学迟到的原因了,可是怎么解决呢?没有想出更好的办法来,除非把上学路上的树全都砍倒,要不把所有的小动物,无论是花丛中的蝴蝶还是天上的小鸟儿都统统赶跑,不让达尔文看见,他就不会耽误时间了,就会全心全意地来上学了。

可是这一切谁能办到。

长得非常魁梧高大的老达尔文和小达尔文的母亲商量后，终于要对小达尔文下决心了。

“你给我老老实实地站在这里，我必须要好好地教训一下你！”老达尔文瞪着眼睛开始了自己的家教，“小达尔文你给我听着，你已经到了上学的年龄，到学校学习就必须要守纪律，不能三心二意。你看看你，不是玩虫子，就是逮蚂蚁，你呀，怎么形容你呢？”老达尔文想了想，突然想起了几句合适的成语，“你就是游手好闲，不务正业！这样的人一辈子也不会有出息的！”

面对老达尔文的指责，如果小达尔文不反驳，或者不吱声，过一会儿，大人的气儿消了，也就没有大事了。可是倔强的达尔文并没有这样做，他觉得自己并没有错，他没有天天迟到呀，偶尔有一两回迟到也是有原因的，那个树林里的鸟窝里有几个蛋，他想弄清楚难道不对吗？万一要是被谁偷走了一个怎么办？还有路边的小蘑菇是不是有毒，应该弄明白，要是被谁采去吃了，中毒了那可是大事情呀。

想到这里，小达尔文头一抬，脖子一挺，大声地反抗说：“爸爸你批评得不对，我不是游手好闲，也没有不务正业。我做的事情都是有道理的！”

“啊，小兔崽子，你还敢顶嘴，翅膀硬了是不是，看我敢不敢收拾你！”说着老达尔文就把胳膊举了起来。前面我们说过，老达尔文身材高大，他的巴掌要是劈下来还不得像熊掌一样，把小达尔文揍扁啊。

就在这个最危险的时刻，有两个人突然冒了出来，他们一个搂住了父亲的腰,另一个抱住了父亲的胳膊。

这两个人把小达尔文救了。他们是达尔文的大哥和二姐。

阅读思考

① 父亲给达尔文设立了成长的目标,希望他继承自己的职业,去当一名医生。为什么达尔文还是坚持自己的主见,不是玩虫子,就是逮蚂蚁呢?

② 如果你迷上了一件事情,而家长坚决反对时,你会怎么做呢?

第三章　大哥二姐成了领路人

英国人，特别是英格兰人，和咱们东方人的脾气秉性有着很大的不同。他们最显著的性格特征是沉默寡言。在家人之间他们还可以保持着坦诚相待的特点，可是一旦在素昧平生的陌生人面前，他们从来不苟言笑，不露激情，态度雍容，喜怒不形于色。让你永远猜不着他们在想什么。因为他们从不对外人谈及有关其本人的任何情况，所以要了解他们是很困难的。

笔者在写这本小说的时候，查阅了很多资料，很少看到达尔文少年时期的密友情况，可能与英国人的习性有关。但是在达尔文家里，达尔文与大哥伊拉兹莫斯和二姐卡罗琳感情肯定是最深的。

大哥爱好广泛，达尔文对他最敬佩。二姐对他多有照顾，达尔文有什么心里话常常和二姐说。大哥二姐对达尔文的成长起到了非常重要的作用。

"说说吧,你上学迟到总得有一个理由吧,我觉得你看小鸟儿看蘑菇算不上理由,是不是学校里的老师不喜欢你,或者你不喜欢老师,再不就是你不喜欢学校的功课?"二姐是一个细心的人,一下子就问到了点子上。

经过二姐的耐心询问,果然达尔文说出了自己心里的秘密。

达尔文上的那所学校,其实是一所私立小学,老师是一名牧师。教材是什么呢? 就是一本《圣经》。原来,很早以前,外国的孩子在私立学校学习,也像咱们中国的孩子到私塾学习一样,先要学习《三字经》、《百家姓》等所谓的"经典",这种枯燥无味的学习让很多孩子产生了一种逆反的心理。

二姐问达尔文:"你学习《圣经》,学会了吗?"

达尔文答:"《圣经》很长很长呢,得一点一点地学,前面的几段我都会背了。"说着,达尔文还给二姐背了几段《圣经》呢。

> 神的创造。起初,神创造天地。地是空虚混沌,渊面黑暗。神的灵运行在水面上。神说,"要有光",就有了光。神看光是好的。就把光暗分开了。神称光为昼,称暗为夜。有晚上,有早晨,这是头一日。
>
> ……

二姐真是一个善解人意的好姐姐,她懂得自己这个淘气的弟弟的心事，于是诱导着说：“光学《圣经》你觉得没有意思，来，跟姐姐说说，你还喜欢看什么别的书吗？”

达尔文想了想，说：“我喜欢听别人讲一个叫《鲁滨逊漂流记》的故事，那个故事特有意思。说的是一个人，跑到了荒岛上，和一个叫星期五的人在一起生活了好长时间呢。姐姐，你快给我讲一讲他的故事吧。要是有这本书，一定要给我买一本，买不到，你就给我借来，我一定会连夜读的。”达尔文说到这里，语速极快，仿佛说完了，这本优美的故事书就会来到面前似的。

二姐无奈地笑了笑，弟弟真是一个爱学习的好弟弟呀。可是他说的那个什么鲁滨逊的故事，她自己只是偶尔听人说过一点点，要是让她来给弟弟讲，还真是讲不出来。自己都不懂，怎么讲给别人听。不过，二姐还是有办法的，自己不行，赶紧搬救兵。

救兵来了。救兵就是大哥。大哥讲起故事来，既风趣，又有理念，他告诉弟弟：“写《鲁滨逊漂流记》的是一个叫笛福的人，他可是英国一位很有名的作家。他生于 1660 年，死在 1731 年。笛福很有才华，不仅会写小说，还是个经济学家，也是一个记者。他走过很多的地方，经历特别丰富，一个人如果总是待在家里，不可能会有大的出息的。”

弟弟认真地听着大哥的话，他觉得笛福就是自己学习的榜样，等他长大后，也要像笛福那样去周游世界，写出好文章来。

前面我们说过，达尔文的大哥是一个知识面非常广的人,他有着各种爱好,看到小弟弟如此爱好自然,爱好学习,大哥的心里是喜欢的。只是父亲想让达尔文走学医的道路,当哥哥的也不能违背父亲的愿望。

但是,大哥和二姐一商量,他们的好主意来了。

父亲不会总在家里的,他要出去工作。只要父亲不在家,就由大哥来帮助弟弟满足他的爱好。

在达尔文七八岁的时候,大哥成了他的校外老师。

在大哥的指导下,达尔文开始搜集植物、昆虫的标本,大哥告诉他这些植物或者动物也好,搜集的时候,不能光看数量多少,还要注意分类。什么叫分类,就是根据你所搜集到的东西,按照它们的属性和特点进行归纳,这样,就会一点点地找出这些东西的规律和特点了。大哥的这种教学法一下子让达尔文的兴趣有了一点儿科学的味道。达尔文不仅喜欢上了对植物和动物的观察和搜集,对硬币、图章也产生了浓厚的兴趣。在这些方面,大哥都给予了积极的鼓励和支持。有几次达尔文不知从哪儿弄来了一些贝壳的化石,翻来覆去地看,想弄懂石头是怎么来的,为什么动物的形状会保留在石头上。大哥就把达尔文带到自己的化学实验室,让小弟使用自己的仪器来观察和分析那些化石。

让达尔文感到更快乐的事情是,大哥领他走进大自然的怀抱。

大哥骑着马带着达尔文在树林边的草原上奔跑。大哥背着猎枪带着他到树林里去打野兔子。傍晚时分，大哥带着他迎着落日的余晖到河边钓鱼；清晨时刻，大哥拉着他的手顶着满天朝霞在山坳里寻找着各种矿石。时间一天天地过去了，达尔文跟着哥哥学到了很多书本上没有的知识。

阅读思考

① 在达尔文的成长道路上，大哥的引路必不可少。在你的人生道路上，你也需要找到这样的一个人，他们或是老师、同学，或是邻居、朋友……

② 《鲁滨逊漂流记》的作者笛福是达尔文值得学习的榜样，他要向他学习，去周游世界和写出好文章，他做到了吗？

第四章　我就是喜欢雪莱

达尔文8岁那年，一场灾难降临了。他亲爱的母亲因病去世了。

达尔文的母亲苏珊娜是著名制陶商的女儿，有着良好的家庭教育和修养。在性格上，她不但和蔼可亲，也很有见识和教养。她喜欢栽培花卉和果树，时常利用各种机会培养达尔文对周围事物的兴趣；同时她又很有耐心，十分爱护孩子们的好奇心，每逢孩子们提出各种稀奇古怪的“傻”问题时，她从不横加指责，而是耐心地给予解答。正是妈妈的这份爱心和耐心，使达尔文对生物、对他所生活的这个奇妙的生命世界产生了最初的兴趣。我们甚至可以说，母亲，就是引导达尔文走向生命科学的第一位启蒙老师。

这样好的母亲，却被疾病无情地夺去了生命，少年丧母，真的是人生中最大的不幸了。

失去母亲的痛苦让一个8岁的孩子像遭受雷劈一样难以

承受，他的世界简直就要崩溃了。达尔文整日眼含泪水坐在母亲的墓前，久久不愿离去。“妈妈，你还没有回答我，是谁生了上帝呀，怎么就能抛开我们走了呢？妈妈——你快回来吧！妈妈——你快回来吧！”

失去母亲的巨大打击，让达尔文也一下子成长起来了。他甚至以超乎自己年龄的想象力开始思索生命的意义。病魔为什么会夺走妈妈的生命，人的生命是从哪儿来的，又要到哪里去呢？

二姐和大哥更加呵护这个充满着幻想和好奇心的弟弟了，他们比以往更多地关爱着小达尔文了。

二姐从生活上照顾着弟弟，衣食起居照顾得无微不至。而大哥却像往常一样，紧紧地抓着弟弟的双手，引他走向成才之路。大哥发现，随着年龄的增长，达尔文的爱好越来越广泛，除了自然科学，他对文学也产生了浓厚的兴趣，大哥就开始利用一切机会，给弟弟的学习创造条件。

达尔文到中学读书了。

大哥告诉他：“到中学学习，是为以后的深造打基础的，各种科学都是人类的文明，你必须开阔自己的视野，尽可能多地涉猎知识，这是你人生很重要的一个阶段呀。”

大哥的话对达尔文起到了很重要的作用。在中学学习阶段,达尔文除了教科书上的知识外,还对各种课外读物着了迷。他很喜欢荷马、贺拉斯、莎士比亚、拜伦、雪莱等诗人的诗歌作品。他读这些诗人的诗篇,总能体会到无限的乐趣。在这些诗人当中,达尔文最喜欢的是雪莱的作品。当时,雪莱是英国,欧洲乃至全世界最进步的革命诗人了。达尔文有一段时间被雪莱的诗歌迷住了,他不仅读雪莱的作品,还利用自习和上操的时间,大量地背诵雪莱的诗歌作品。有一次,达尔文站在操场边,大声地背诵着雪莱的诗歌,没想到被一个学校里的教士发现了。准确地说,这是一个教士,不是老师,是学校里专门负责宗教事务的人。

这个教士顽固保守,对雪莱的诗歌作品中宣扬的自由民主的思想早就恨之入骨了。看到学校里的学生竟然在光天化日之下大声地背诵雪莱的诗歌,就想借着这个机会教训一下达尔文。

“你这个学生,敢不敢告诉我,你背的是谁的诗?”

达尔文看了一眼这个满脸怒气的教士,鼻子哼了一声,说:“怎么不敢?是雪莱的!”

教士的眼睛圆了,放着剑一样的寒光,怒斥道:“你行呀,还敢承认是雪莱的诗。”

“有什么不敢,雪莱是我崇拜的偶像。”

“你,你竟敢说崇拜雪莱?你真是吃了豹子胆了。你可知道,雪莱是一个不信上帝,不敬国王的狂人!?”

教士说到这句话时牙齿都咬得咯咯直响。雪莱这位著名的英国诗人,在当时的英国有着众多的崇拜者,就是因为雪莱的诗歌里洋溢着强烈的革命精神。他创作的《麦布女王》和《解放了的普罗米修斯》，还有《西风颂》、《云雀颂》等作品深受青年人的喜爱，当然，也受到像这位教士一样的保守者的强烈攻击和反对。

达尔文并没有被教士的气焰所吓倒，反驳道："哦，你说雪莱是狂人，他怎么狂了？"

"他，不爱祖国，诽谤政府，煽动造反，他就是一个疯子，一个狂人。"教士边说边用手比划着，好像此时雪莱已经站在了他的面前。

"可是，我并没有觉得雪莱疯呀，相反，我认为他说的都是真话！"达尔文没有丝毫让步。

"什么真话？如果在16世纪，像雪莱这样的狂人一定会像布鲁诺那样被活活烧死的！"教士说到这里，他的眼睛往外冒着火苗，仿佛也要用这样的火，把眼前的达尔文烧死。

达尔文怎么能不知道布鲁诺的故事呢。在达尔文的心中，布鲁诺就是一个捍卫真理的英雄，"尊敬的教士先生，我要告诉你，布鲁诺是为了捍卫真理而死的，他坚持日心地动的学说触犯了教会的尊严，才在1600年被烧死在罗马的花园广场上。可是现在地球还在转，是在围着太阳转呀。这是真理，不是强权能改变的。再说了，现在已经是19世纪了，距布鲁诺遇难已经过去了200多年，我相信人们的眼睛是亮的，不会再允许恶势力来横行了。"

达尔文这番慷慨陈词，让这个不可一世的教士一下子有些不知所措了。在这所中学里，循规蹈矩是一贯的校风，怎么会培养出达尔文这样的叛逆者来呢。教士晃着脑袋，手哆嗦着指着达尔文，“你要是再坚持错误，我就向校长建议，把你开除了！”

“哈哈哈……”听说教士要找校长开除自己，达尔文大笑起来了，“好呀，因为背诵了几段雪莱的诗，就要被学校开除，你还敢称什么民主自由！”

达尔文笑过之后，又开始大声地朗诵起雪莱的诗歌。

冬天来了，春天还会远吗？

面对着被学校开除的威胁，达尔文根本没有放在心上。因为他早已对这所学校死板、陈旧的教学理念产生了厌烦，你不开除我，我都不想在这儿读书了呢！

教士找到了中学校长巴特勒，向他狠狠地告了达尔文的刁状。

校长听了教士的话，低头思索了一会儿。他对教士说：“我早就注意到这个叫达尔文的学生了，他很有自己的思想，喜欢独立思考，不愿意人云亦云，爱好也很广泛，也常做一些出格的事情。可是，这次就因为他大声朗诵了雪莱的诗歌，就要开除他，恐怕还不能服众吧。这样吧，对这个达尔文，你要再观察观察，遇到大事时，再直接向我汇报吧。”

教士看着校长的眼睛，心领神会地点了点头。是呀，什么事都要从长计议。我就不信找不到你达尔文的毛病，到时候，我看你达尔文还倔不倔，还有没有骨气学雪莱，我看你怎

达尔文在读英国著名诗人雪莱的诗，而学校的一个教士顽固保守，对雪莱的诗歌作品中宣扬的自由民主的思想恨之入骨，他告诫达尔文不能读雪莱的诗。

达尔文的一番慷慨陈词气得教士坚持让校长开除达尔文。达尔文听了反而大笑起来，笑过之后，又开始大声地朗诵：“冬天来了，春天还会远吗？”

名家名言

无知者比有知者更自信。只有无知者才会自信地断言：科学永远不能解决任何问题。

名家名言

不要因为长期埋头科学，而失去对生活、对美、对诗意的感受能力。

么迎接春天？哼，总有一天，我要把你打进寒冬里，让你在全校师生面前抬不起头来！

教士咬着牙根自言自语地说着。

阅读思考

① 雪莱是英国著名的诗人，喜欢自然和科学的达尔文对他的诗歌如此热爱，这说明了什么？

② 是不是从另一个角度告诉我们，文学是人类共同的精神营养，关心政治也是一个人应具备的最起码思想品质呢？

第五章 校长说他“不可救药”

中学时代的达尔文像一个饥饿的人扑在面包上一样，拼命地学习着各种知识。

他早已不再满足于抄写和背诵一些诗歌了，他也不再满足去读《鲁滨逊漂游记》那样的小说了。他从小就酷爱自然科学的兴趣仍在不断地扩大着，随着年龄的增长，他变得更加爱思考了。学校的学习科目，他感到有些吃不饱，他总是不断地给自己写下新的目标。比如，有一段时间，他喜欢学数学了，但学校的教学速度太慢，这实在是让达尔文有些无奈呀。哎，他想出办法了，回家后，找一个家庭教师呗，让他给自己讲讲数学和几何什么的。不就是花点钱嘛。达尔文说到做到，很快就把家教找到了家里，给自己打开了扇新的知识之门。

得说一句，达尔文自己找家教，和咱们现在的学生找家教可不同，现在咱们中国的孩子找家教多是为了考试。达尔文是为了学习,为了自己的兴趣。

文学和自然科学像阳光雨露一样滋润了达尔文的胸怀,他忽然觉得自己的眼界开阔了,学的东西越多,越觉得时间不够用,也感觉到自己还有很多科学领域的空白点。

有一天,达尔文偶然看到了一本书,书名是《自然史和赛尔波恩地区的考古研究》,达尔文看了一眼作者的名字,是吉尔伯特·怀特。对怀特的名字达尔文早有耳闻,知道他是一个下了很大气力研究波恩地区考古历史的专家。拿到这本书,翻了几页,达尔文就被迷住了。哇!考古原来是这么有趣呀。几天没睡觉,把书读了几遍之后,达尔文开始学着书里的考察方法,对他家附近的各种鸟类进行了观察和分析,还做了大量的笔记,常常是没等天亮,就蹲在冰冷的草丛中开始记录鸟儿一天的生活了。

记住:这个时候达尔文的身份是学生,是中学生。

中学生,要面临着背题、复习和各种各样的考试。像达尔文这样整天按照自己的兴趣生活的人,是不会全身心地投入学校里的课程的。

又一次考试结束了,达尔文的卷子被递到了校长的办公室。送卷子的人就是那个对达尔文早就想打击报复的教士。

“尊敬的校长巴特勒先生,你看看吧,这就是达尔文的考试成绩,如果我们排名次的话,他的名字恐怕只能出现在全校学生之后了。我知道您和他的父亲老达尔文博士那可是多年的挚友和故交,我还记得您曾经答应老达尔文先生要亲自为小达尔文写每学期的‘品学鉴定’语呢。面对着这样的学分,你打算如何来写呢?我有着相当的期待呀。”

教士不怀好意地看了看校长手里的卷子,又把头抬起来,看了看校长的眼睛。

校长的身上有着英国人传统的绅士风度,他沉思了一会儿,并没有当场发火。校长当然记得自己曾经给过老达尔文博士郑重的承诺,他说要用自己的努力把小达尔文塑造成一个有用之才。难道经过几年,这个连考试都不及格的学生就是他培养的结果吗?他将如何向老达尔文交代呢?

不行!我得负起责任来,要把达尔文在学校里的真实表现告诉给他的父亲。

于是,校长巴特勒提起鹅毛笔在达尔文的“品学鉴定”上写下了自己的意见。其中一段是这样写的——

亲爱的老达尔文先生,我很遗憾地把对您儿子的观察结果通报如下:他是一个极其平庸的孩子,除了好玩以外,我尚未发现他有任何超人之处。也许我的结论有些过早,从他最近的考试成绩里或许您也能看到,他是一个远在普通人的智力水平之下的学生……

读者或许能想到,当老达尔文看到校长亲自写的评语时，对小达尔文会多么的失望，而失望之后肯定是无比的愤怒了。

老达尔文把小达尔文叫到了面前，看到父亲脸上的表情，达尔文一声不吭，仿佛自己就是一个会喘气的沙袋，任由父亲发泄对自己的不满。已经是中学生的达尔文非常清楚，自己的任何一句解释都会遭到炮火般的攻击。

“你像什么？就是一个游手好闲的纨绔子弟，我指望你做一个肩负历史使命的天才，不是一个整天琢磨着玩儿的淘气包。”

“看看你都做了什么？一个堂堂的中学生，你除了打猎、玩狗、抓老鼠，别的什么都不管，你将会是你自己和整个家庭的耻辱。”

“你到中学读书，家里花了多少钱。平时给你的钱你都干什么了？买什么课外书籍，还有什么试验用品，而自己的考试却忘在了脑后，你呀，简直要把我给气死啦！”

老达尔文训斥孩子的声音响彻在他们家那个美丽的别墅花园里，让那些绽放的花朵和悠闲的小鸟儿都感到不寒而栗。这个时候，达尔文的二姐和大哥都在外头工作，没有人来解围。达尔文面对着父亲的批评与斥责只能采取默不作声、低头不语的策略。

“你说说，今后改不改？”老达尔文又用手按起了儿子的头。

“改，我改。”儿子随着父亲的手在点着头。

谁也没能想到，经过父亲一通严厉批评后的达尔文几天后,竟然又把校长和父亲的“教导”全都忘在了脑后,就在达尔文中学快要毕业的日子里,所有的中学生都在忙着考试,而此时的达尔文突然迷上了一项化学研究。当然,这个研究的课题负责人就是他的大哥,大哥对自己的这个弟弟的聪明劲非常欣赏,也把弟弟当成了一个得力的助手。搞化学研究是需要实验室的。这哥俩竟然背着老达尔文,在家里花园的一个工具棚里布置了一间“实验室”,里面摆上了各种器械和材料。

在大哥的引导下,小达尔文走进实验室时,就像步入了一个神奇的童话世界一般,埋藏在他心底的想象力被充分地发掘出来了,他和哥哥忙起来,都忘了吃饭睡觉,连续工作十几个小时都是常有的事。

也不知道过了多少天,反正达尔文觉得自己的日子过得真是快乐极了。在这个小小的实验室里,他的动手能力得到了超常发挥。他觉得自己真像是一只小鸟儿,飞翔在想象和创造的自由天空里。

可是沉浸在与哥哥进行化学实验中的达尔文却忘了学校里重要的毕业考试。

那个很早以前就对达尔文心怀不满的教士,在第一时间里,就把达尔文“缺考”一事直接汇报到了校长巴特勒的耳朵里。

“什么?前不久我和他的父亲刚刚批评过他,他竟然缺席考试。这个达尔文简直是无法无天了!”此刻的校长也忘掉了自己的绅士风度,竟然一下子拍起了桌子。

“通知全校的师生,明天我要召开全校大会,要公开批评达尔文这种不守校规的行为!”

第二天,学校的批评大会开始了。

达尔文被那个教士带到了台子上。

校长看着达尔文问:“你,你知道自己错了吗?”

达尔文却笑了笑,回答道:“校长先生,我现在很高兴。”

校长一下子被达尔文的话搞得惊讶起来,怒斥道:“没参加考试,你还很高兴?你是不是吃错药啦!”

达尔文仍然带着微笑说:“我可以告诉您,让您也来分享一下我的幸福。”

站在一旁的教士听到达尔文这么说,立刻开始给校长拱火:“校长先生,您听听,您听听,他不参加考试,他还说自己很幸福……”

校长毕竟是校长,他把怒火压在心里,两只眼睛瞪着达尔文,“哦,我倒要听听,你的幸福在哪里?”

“哦,那我告诉你吧。我这几天和哥哥进行的化学实验,终于成功了。我们找到了一种最适合的数据和方法。我非常快乐呀!”说着,达尔文把头抬起来,仰面望着蓝天白云,那白云间有一行大雁排着队在飞着。

“什么?我听不懂你在说什么呢?”校长终于

按捺不住自己的脾气了。刚才达尔文嘴里说的什么化学呀、实验呀等词，把他都弄迷糊了，这是哪儿跟哪儿呀，这个学生我真是拿他没有办法了。

可是全校的师生都在台子底下看着校长呢。校长巴特勒恢复了一下情绪，双眼直盯达尔文，他的嘴里嘟哝着什么，却想不出合适的语言来表达自己的心情。

过了好一会儿，全校的师生终于听到了校长对达尔文说的话了。

“你呀，简直是不可救药，不可救药，不可救药呀……”

阅读思考

① 达尔文为什么不等天亮，就蹲在冰冷的草丛中开始记录鸟儿一天的生活？他受到了谁的启发？

② 达尔文被校长批评为“不可救药”了，而且还被弄到了学校的台子上“示众”，当着那么多师生的面来训斥。你想一想，如果是你，你该怎么办？

第六章　爱情给了他活下去的希望

和所有十六七岁的男孩子一样，达尔文在中学生活中，体验到了青春到来的喜悦，也经历了羡慕、嫉妒、叛逆等各种复杂情感的洗礼。

当他尊敬的校长当着全校师生的面，用那种恶毒的语言对他进行诽谤时，他恨不得转过身去狠狠地抽他一个耳光。可是他不敢，他毕竟只是一个中学生，而校长是什么？在学校里，校长就是天，就是地，是一个说一不二的统治者。达尔文在校长的批评下，悄悄地用眼睛的余光扫了一下站在台子下面的他的那些同学们，虽然只是短短的一瞥，他就从这些目光中读到了嘲笑和鄙视。一个男孩子的自尊心此时被伤得很深，他的心有被刀子割裂的痛苦。他达尔文是有脸面、有尊严的，凭着他的高贵出身，还有他的聪明才智，走到哪里，他不是被别人羡慕的呀。可是现在，他算什么呢？犹如一只美丽的正在开屏示美的孔雀，当绚丽的七彩羽毛在阳光下展现霓虹般的美丽时，突然被人用手狠狠地扭过身去，让彩屏后面的那个丑陋的屁股一下子暴露在光天化日之下。

那一刻，达尔文觉得自己就是那个正在开屏的孔雀，是那个让所有人看到的不是彩屏而是屁股的家伙。

达尔文受到的打击是无法用语言来形容的，他的情绪一落千丈，像从高空跌下的飞机，也如一杯热茶被扔到了零下40℃的冰窖，瞬间的热情都变成了寒冰。

从学校到家，他一直低着头，他不想也不愿意让别人看到自己的窘态，不想让自己的同学指着自己的影子悄悄议论，“看到没，这个小子就是让校长当众批评的达尔文，他不好好学习，总是好研究什么动物，搞化学实验……”和所有的人一样，他也是一个特好面子的人，可是他的“面子”却像块破布似地一下子被人撕破了。

他不知道自己是怎么走回家的。

在屋里，达尔文觉得非常闷得慌，他忽然感觉自己像一个热锅上的蚂蚁，胸中有一团无名之火在灼烧着他。到外边走走吧，也许会好一些。

可是到哪里去呢？去树林边，或者到大海边。到了海边或许自己想不开，会跳海自尽呢？不知道，他也弄不懂自己该到什么地方去走走，那就把自己交给双脚好了，随便走到哪里都行吧。

达尔文就这样漫无目的地走着，也不知道走了多长时间，他就像一只困兽，在家的附近鬼打墙般地来回走着，却走不出郁闷和烦恼。

太阳在头顶上向西滑去，达尔文记得刚出家门的时候，太阳还在东边，现在已经落在西边的树梢上了。哦，一天的时间就这样不知不觉地过去了，突然，他觉得自己有些饿了，也很渴，两只脚像铅铊一样沉重，他实在是走不动了，索性坐在树林边的一个倒下的树桩上。

嗯？他的鼻子突然闻到了一种甜甜的味道。是从哪儿来的？他把身子转了转，却没有看到什么。稍倾，这个甜味又出现了，他又抽了抽鼻子，是奶酪的味道，这是他平时最喜欢吃的东西呀。难道是幻觉？他四处张望开始寻找。

“哈哈哈……”一串银铃般的笑声在林中像鸽子似地飞翔着。一个漂亮的女孩儿猛地站在他的面前。

达尔文认出来了，这是他舅舅家的表妹埃玛。

“埃玛，你怎么来了？”达尔文睁着疑惑的眼睛。

“哈哈哈……”银铃般的笑声又响了起来，“我为什么不能来呢？”

“你来做什么？”

“我来看看你！”

“看我做什么？”

“给你送奶酪！”

说着，埃玛把一盒散发着浓香的奶酪像变魔术似的递到了达尔文面前。

也许是真的又渴又饿了，达尔文张开大口，像一只饿狼似地把一盒奶酪全都吞进了肚子里。

“好吃吗？小哥哥！”表妹埃玛平时就愿意这样称呼达尔文。

“太好吃了，这是我一辈子吃到的最好吃的东西了？哪儿买的？”

“不是买的，是我做的。你要是喜欢吃，我还会给你做！”埃玛的眼睛亮亮的，像两颗闪闪的星星。达尔文舅舅家的这位漂亮的小表妹叫埃玛，她不仅温柔、美丽，更让达尔文喜欢的是她善解人意。

“你怎么知道我在这里呢？”

听到达尔文问自己，埃玛就坐在了他的身边，和他聊了起来。原来，她一早就和舅舅来到了达尔文家，看到达尔文没有在家，埃玛还到学校里去找过他。在学校，埃玛听说了达尔文被校长当众批评的事情，感觉这个“小哥哥”可能是有些想不开，离家出走了。埃玛和舅舅打了个招呼后，就开始在家的附近寻找达尔文，当她看见他一个人孤独地坐在树林里，就回家做了奶酪送了过来。

“小哥哥，我看你是相当不开心了。有什么呀，不就是让校长批评几句吗？”埃玛轻声地说着。

“是批评几句吗？那是让我当众出丑！”

“校长那么大岁数了，批评你几句也是应该的，何必这样想不开呢？”埃玛又朝达尔文身边靠了靠，达尔文这时能闻到姑娘身上有一种淡淡的香水味道，咦，这个味道真好闻。

“埃玛，我告诉你吧，我想死的心都有了，我是一个男人，是男子汉，怎么能让人这样批评呢，我是有尊严的呀！”

埃玛这时把达尔文的双手一下子抓住了,“小哥哥,我相信你不是一个平凡和普通的人,你将来的前途一定是最光明的。你在我的心目中,早就是一个最有尊严的男子汉了!”

埃玛手上的温暖像电流一样在达尔文全身流淌着,一天的不快,被埃玛的几句话驱散了。

“埃玛,你真是这样想的?”

“谁骗你谁是小狗!”埃玛用嘴唇轻轻地吻了一下达尔文的鼻尖。这轻轻的一吻,把达尔文心中的乌云全都驱散了。

埃玛接着说:“我知道你的心里不高兴,我已经和父亲说了。”埃玛的父亲就是达尔文的舅舅。

“我父亲已经同意我的建议了,我要在你家多待几天呢,好好地陪一陪你,等你快乐起来,我再离开好吗?你欢迎我吗?”埃玛的声音不高,却充满了真诚。

“怎么不欢迎,我还想和你待上一辈子呢!”

“真的?”

“谁骗你谁就是小狗!”

太阳已经落山了,两个年轻人还在亲切地交谈着,树林里渐渐暗下来了,可达尔文的心里却是一片灿烂。

回到房间后,两人的交流还在继续。

达尔文对埃玛说:“你累了吗?坐下来休息一会儿。”

埃玛顽皮地笑了一下，说："和你在一起，我一点也不累。你喜欢听钢琴吗？我来给你弹一曲吧！"

达尔文早就知道他的这个小表妹多才多艺，会弹一手漂亮的钢琴。

"你弹琴，我给你端咖啡去！"

琴声响起来了，那一串串美丽的音符像鸽子一样飞向了天空，连星星也眨着眼睛，欣赏着优美的音乐，为两个年轻人祝福着。

阅读思考

① 当看到你的朋友遇到困难的时候，你应该怎么办？

② 一段甜蜜的爱情给了达尔文阳光和希望，可是他们两个近亲的血缘关系能结婚吗？

第七章　发现了前人的错误

1825年10月,告别中学生涯的达尔文开始了新的大学生活。

尽管中学时的成绩不很理想,但老达尔文还是没有对自己的二儿子放弃。在他的积极运作下,达尔文进入爱丁堡大学学习了。

这一年,达尔文刚满16岁。

爱丁堡大学在英国是一所著名的大学。学校里设的专业很多,学什么呢?达尔文的选择权还是被父亲剥夺了,他来到这所大学选学的专业,只能或者说必须要按照父亲的意愿。父亲是医生,他当然是让小达尔文来继承自己,走一条学医的道路。

遗憾的是,老达尔文的这一愿望终归还是破灭了。

走进大学校门的达尔文,并没有改变他爱幻想和喜欢大自然的秉性。那些书本上还是临床实验的医学知识,并没有拴住这个少年的心。俗话说,物以类聚,人以群分。到了大学不久,达尔文很快就结识了两个好朋友,一个叫罗伯特,另一位是约翰。与达尔文不同的是,这二人比达尔文高一个年级;与达尔文相同的是,他们俩人虽然都是医科的学生,却对医学不感兴趣。

那么,他们感兴趣的是什么呢?水生物的研究。英国是一个四面环海的国家,爱丁堡大学离海不远。蔚蓝的海洋里有着各种生物,三个大学生常常在一起讨论这些海里的生物的种类。可以说,这几个人真是臭味相投呀,说到学校里的医学课程,他们都感到味同嚼蜡,但聊起海洋生物,却一个个眉飞色舞。达尔文从小的时候,就喜欢看水里的蝌蚪、喜欢钓鱼,那时候,他对这些小动物的热爱只是凭着好奇。而现在不同了,与比自己年长的学生在一起讨论水生动物时,完全是站在一种理性思考的高度。他们虽然年轻,却雄心勃勃,仿佛三人联手,会揭开世界上许多生物的秘密。

于是,在爱丁堡大学的日子里,除了那规定的必修课之外,三个伙伴经常偷偷地溜出校门。离学校不远处就有渔民的渔船,他们会殷勤地和那些渔民聊着天,帮助渔民捕捞鱼虾和牡蛎。于是,他们几个也获得了将许多海中生物当做标本带进学校的特权。

爱丁堡大学那神圣的教学实验室,本来都是为了人类的疾病研究而设立的,可是达尔文和他的这两个“死党”,竟然把从海中带来的那些生物偷偷地摆在了洁白的手术台上。

三个人,你放哨,我研究,配合得非常默契。

虽然,达尔文的这种做法与教学目标有些差异,但这所大学毕竟还是很开明或者说是很开放的。不像达尔文读中学时,遇到的那个古板的教士和校长巴特勒那样固执。学校的领导后来也都听说了达尔文他们几个的做法,不过大都是采取睁一只眼闭一只眼的态度。或许他们也能理解这几个淘气学生的做法,因为他们有自己的道理。研究人体疾病也好,研究海洋生物也罢,不都是面向着一个共同的生命科学吗?而且,海洋生物与人的生命起源,究竟是一种什么关系,在当时的英国并没有一个确切的定论,三个“另类”的大学生有这方面的热情,校方采取的是不支持也不反对的做法。只是苦了那位老达尔文博士,他以为给小达尔文设计出了这条路,儿子肯定会沿着他当年的脚印走下去的。谁想到,叛逆的儿子,根本没有朝着他画出的医学之路迈出半步。

医学的课程,达尔文是能对付就对付。而生物学的事情,不论大小,他都会尽全力来参与。无论是校内还是校外,一听说有关于生物和自然史方面的讲座和报告会,达尔文都削尖了脑袋去听。听着听着,他就听出了报告人的毛病。听出了毛病,他就想和人家理论一番。

英国的大学教育真是值得我们学习的。你如果对某些讲座和学术报告有疑义,就可以找到学校当局来表明自己的态度。然后呢,你就能获得一种阐述自己观点的权利,就是说,学校也可以为你搭建一个讲台,或者说叫平台吧。你也可以来讲自己的研究成果,也可以用你的实践和理论驳斥他人的观点。在学术问题上,是不论年龄和职位的,关键是你的发言能否得到大家的认同。

学术讲坛就像一块磨刀石,在磨砺着达尔文思想的锋芒。

1827年3月27日,大学二年级的达尔文,终于找到了一个机会,在英国著名的普林纪学会上作了一场有关观察海洋生物的报告。这一天,是达尔文永远不会忘记的日子。他的这场报告的核心内容是,他声称自己发现了前人关于海洋生物的两个错误。这两个错误是他用医学院的显微镜观察了许多天后得到的。

达尔文的这个发现具有很强的专业性,一般人不一定能看懂,看了,或许也不会感兴趣。但作为一个年仅18岁的青年人,这无疑是他步入事业殿堂的第一个里程碑。我们还是把它抄录下来,如果读者觉得下面的这几行文字比较枯燥,你可以越过去翻到后面接着读。

18岁的达尔文发现前人的两个错误:一个是板枝介的幼虫,被前人误认为是借着鞭毛独立运动的板枝介卵;另一个是海蛭的卵衣,被前人误认为是墨角藻幼年期的球状体。

达尔文把自己的发现写成了科学论文。这篇论文的发布显示出了他在生物学研究方面最初的才华。他要探索,要用自己的眼睛观察和研究这个世界。

在达尔文看来,爱丁堡大学这座著名的学府提供的课程,除了托马斯霍普教授的化学课讲得比较生动外,其他的课,都没有让达尔文满意。“真是枯燥无味呀,枯燥无味!”他竟然和同学们用这种语言来为学校的老师打分。达尔文认为大学里相当多的老师的教学方式,就是那种“填鸭式”的,这种方法不会让学生产生浓厚的学习兴趣。相反还会严重地束缚学生们的思想。

也许达尔文的天赋就是不适合学医的。他有一种怪癖,一看到病人流血就会恶心呕吐。当医生,这种职业要求从医者必须敢于面对流血,甚至面对尸体也不能害怕。可是达尔文偏偏就做不到。那是他在上大学二年级时,有一次上解剖课,他第一次走进了学校的解剖室。哇!解剖台上就摆放着一具尸体。那具尸体虽然已经处理了,但还是散发出一种难闻的气味。达尔文下意识地用手捂了捂自己的鼻子,可是那气味还是像一个小虫子似地直往他的嗓子里钻着。他突然有一种要呕吐的感觉,不顾老师和同学们的侧目冷眼,匆匆地跑出了解剖室。

学校的解剖学老师把达尔文的表现看在眼里。他心里说,达尔文这样的人怎么能当医生呢?在医学院学习,对他能有什么用呢?

医学院的这位老师是认识老达尔文博士的,他把观察到的达尔文的情况作了介绍,并十分坦诚地告诫老达尔文:“尊敬的医学博士先生,可能是上帝与你开了一个玩笑:你的这个孩子不适合学医呀。你必须要清醒地接受这个残酷的现实。”

阅读思考

① 当你发现前人的成果有错误时,你该怎么办?是下大力气研究和分析它,找出为什么错了,还是不吱声?

② 达尔文学医时对尸体非常反感,这可能是他天生的弱项。如果是你遇到了达尔文的情况,你会怎么做呢?

第八章　给孩子再找一条出路

1827 年的秋天，达尔文从爱丁堡医学院退学了。

什么原因我们已经知道了。是他天性脆弱，不敢面对手术台上的淋漓鲜血，还是命运之神在暗引着他选择另外的道路？反正这两个月的大学生活，达尔文觉得自己收获颇多，但这所学校培养的是医生。他不能当医生了，还在学校里学什么呢？严格地说，他属于辍学，或者叫肄业吧。

面对着已经年近 20 岁的儿子，老达尔文痛心疾首，彻夜难眠。有多少期待都化作了泡影，孩子已经不是十几年前那个拎着玻璃瓶子抓蝌蚪的淘气包了，他有自己成熟的思想了。他不是还在大学里发表了有着生物学见解的论文吗？可是有着固执和偏见的老达尔文更多的思考是小达尔文今后靠什么来谋生呢？

医学看来不行了，总得另寻一个职业吧。

恨铁不成钢，又不能再施拳脚或棍棒教育。老达尔文以一个父亲的责任感苦心冥想，为自己的这个又恨又爱的儿子寻找一条合适的路径。

一天，老达尔文正在街上行走时，突然，他看见了一个自己多年前的好友郝德先生。他和郝德先生早年间曾在如何教子方面有过长谈，此时何不听听他的高见。

郝德先生听了老达尔文关于儿子的话，先是哈哈大笑一番，然后把老朋友领到了自己的家里。郝德先生其实早就了解老达尔文家教方面那种十分倔强且刚愎自用的驴脾气，也没有和他再谈点什么，而是索性从自己的书架上抽了一本书。

"哎，我说郝德你这个老家伙，我和你谈儿子的事，你让我看书做什么？"老达尔文接过那本书不解地问。

"你先看看这本书吧！"郝德的眼睛盯在书上。

"哼，什么书呀？"老达尔文说着朝书的封面瞥了一眼。原来这本书是《巨人传》，是当时一本很流行的法国幻想小说。"你，你这个老家伙，让我看什么小说呀！"

郝德先生还是不温不火地看着自己的老朋友，"我知道你不喜欢看小说，只让你看一句话。"

"什么话？在哪里呢？"老达尔文被郝德的话弄蒙了。

"翻开书，你就看见了。"郝德的眼皮都不动一下。

老达尔文翻开书一瞧，顿时气得胡子都翘了起来。原来那本书的第一页有一行题字——随心所欲，各行其是。

"你什么意思？莫不是让我对孩子不管了，任其随便发展，这是一个正常家长应该做的吗？"老达尔文一脸疑惑地瞅着老朋友。

这时,郝德终于用沉稳的语调开导起老朋友了,"你呀,不能光用自己的想法来设计孩子的前途。也不要只用自己的手和嘴去教育孩子。最重要的是什么呢?是用你的心去接近孩子,去聆听他们灵魂深处的声音。我的老朋友,和孩子最好的接触办法,就是和他做朋友。"

已经被孩子弄得心力交瘁,且有些焦头烂额的老达尔文此时听了郝德的话,真有一种茅塞顿开的感觉。是呀,这些年,他和小达尔文的关系,不就总是强制性的管教吗?什么时候听过孩子的兴趣和爱好了。不行呀,这种做法是得改一改啦。

从郝德家出来的老达尔文开始思索着怎样与达尔文好好长谈一次。对,他要站在孩子的立场上,用平和的心态来交流。他相信,自己能为孩子再找一条出路的。

一老一少的两个达尔文终于坐在了一起,敞开心扉了。

小达尔文从父亲的表情和语言中,真切地感觉到父亲变了,他没有朝自己发脾气,而是用娓娓动听的语言,一点一点地分析着自己面临的学业和前景。

"父亲,我知道您是最关心我的,可惜我辜负了您的期望,我没有学好医学,不能接您的班,我真的很恨自己呀。"达尔文说得十分真诚,他的每一句话,也都让老达尔文非常感动。

"孩子,这不能都怪你呀。强扭的瓜不甜,你的人生之路是谁也不能替代的,只能靠你自己来走。但是父亲毕竟社会经验比你丰富,所以要把自己的想法和你商量一下。哦,这只是商量，因为你呀，已经长大成人了，不再是当年那个玩蝌蚪的孩子了。”老达尔文边说边亲切地抚摸着儿子的头，还替他轻轻地整了整衣角。

达尔文说：“父亲，我从爱丁堡大学回家了，总不能在家里待着吧。下一步怎么走，您说吧，我听您的意见！”

世界上的事情就是这样，硬碰硬时，谁也不服谁，可是当双方都柔软起来，万丈冰川，也会在瞬间化作春水东流的。

老达尔文又朝着儿子的身旁靠了靠，“孩子，我都想了好几天了，说出来供你参考吧。父亲想的是，咱们读书是为了什么呀？说到底，就是为了谋职呀。可是现在学习什么能找到一份又体面又能有较稳定收入的工作呢？”

达尔文目不转睛地听着父亲的话。

“我想让你去报考剑桥大学的神学院。剑桥大学你是知道的吧，那可是咱们英国最古老最有名的一所大学啦。他最早成立于1209年，是由一批为躲避殴斗而从牛津大学逃离出来的学者建立的。”老达尔文说起剑桥大学，眼睛里充满了崇拜的光芒。

“父亲，我知道剑桥大学。可是，我为什么要学习神学呢？”

“我已经考察过很多人了，神学院的学生特别容易找到工作。尤其是剑桥大学这种名牌大学的毕业生，学了神学，毕业后当一个牧师，也会像当一个医生一样受到人们的尊敬。”

父亲和达尔文谈话的时候，恰巧舅舅来到了家里，他也在一边用关心的语气开导着达尔文:“是呀,你父亲说得有道理。学好神学,毕业了可以当牧师,你的工作肯定会有保证了。另外,我知道你喜欢生物学,这不影响你的爱好呀。”舅舅真的是一个见多识广的人,说起理论来也是一套一套的,“学习神学与你爱好自然科学其实并不矛盾的,你看,哥白尼、布鲁诺、康帕内拉、牛顿,还有剑桥大学的教授塞奇威克等人,都研究和学习过神学呢。后来,他们有的还成了大科学家呢。不过,我倒是希望,你能像这些人一样,哦,像哥白尼、布鲁诺那样从神学走向科学,不过,我可不希望你像牛顿那样,从科学走向神学哟。”说完,舅舅哈哈大笑起来。

“舅舅,你的知识真是太渊博啦!”达尔文听了舅舅的话,亲昵地拉着舅舅的手说。

1828 年 1 月,达尔文正式进入剑桥大学的基督学院学习了。

达尔文虽然从小热爱文学和科学,对神学没有什么兴趣,但他毕竟还是个阅历不深,知识不多的青年,加上当时社会上无孔不入的神学势力的影响,达尔文曾一度产生了做一位乡村牧师的想法。

初到剑桥大学的达尔文努力地钻研着神学的课程。

迎着早晨的旭日,顶着夕阳的余晖,达尔文开始一本又一本地苦读着那些神学书籍。约翰皮尔逊的《论教义》、佩利的《基督教教义证验论》、《自然神学》,他一遍又一遍地翻看着,潜心领会书中传递的神学思想。由于达尔文学习努力,在几次神学考试中他的成绩都是优良,有两次竟然是名列前茅。

可是，好景不长，他的厌学情绪好像是骨子里生成的，不知怎么，他忽然对神学的课程又产生了一种难以言表的疲倦感。他开始上课溜号，心不在焉，后来竟然发展到了逃课。学习成绩也是直线下滑。达尔文有时都对自己感到失望了，真的是不可救药了吗？他自己也不知道。

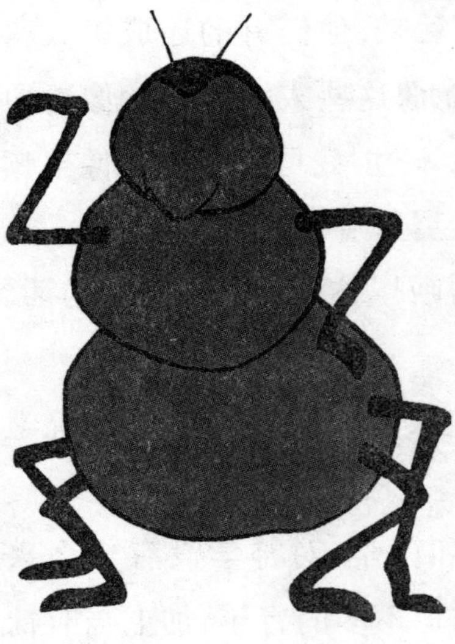

那么，达尔文总得有自己喜欢或者说是着迷的东西吧？有，仍是从中学开始时就迷恋的生物学、地质学。在神学院的后一个阶段，他有点着了魔，又把兴趣全部地“不务正业”了。他花在打猎和收集甲虫标本上的时间恐怕比花在学业上的要多得多。

虽然伦敦这座城市早有雾都的别称，但夏天到了，阳光还是会像一个顽皮的孩子，偶尔穿过迷茫的雾层，照耀到郊外的那片树林上。那树林在别人的眼里非常普通，但在达尔文眼里，早已是神往已久的了。

这天是星期日，学校放假休息了，同学们有的去跳舞，有的去咖啡馆，可是达尔文却一个人偷偷地跑到这片树林里来了。是来玩的吗？为什么要到树林里来呢？达尔文对英国的树种是有过精心研究的，这是一种叫做“大西洋栎”的树，在英国很有代表性。当时，英国正在大炼钢，这种树的木料可以用来当做燃料的,而树皮也是当时用来制作加工皮革的一种必需的原材料。这种树还能做什么呢?它的生长变化是需要实地来考察的。达尔文围着树认真地看着。这时,天空中的雾悄悄散去了,阳光透过枝叶斑驳地洒落在林中的小路上,达尔文一边走,一边观看着路边高高矮矮的大西洋栎。咦?他的眼睛突然被一处树皮吸引了。就在与他的眼睛平视的那个树干上,有一块指甲大小的树皮分明在动,树皮怎么会动呢?现在树林里没有一丝的风呀,这是怎么回事?好奇的达尔文用手轻轻地剥开了那块树皮。哇!他看见有两只小甲虫相依相偎紧紧靠在一起。哟!有意思!达尔文一下子又开始对这两只小虫子产生了兴趣。甲虫叫什么名呢?从来没见过。达尔文仔细地看了看,并努力地搜寻着自己的记忆,还是不认识。尽管他对各种生物标本多有研究,但还是第一次见到这个种类的小东西。

“告诉我,你们叫什么名字?”达尔文一边和小甲虫说着话,一边伸出手轻轻地把一只小甲虫捏在手里。在树上的那个小甲虫此时“吱”地发出了一个微弱的声响。哦,它们一定是一对小情侣或者是好朋友,你凭什么把这对小伙伴拆散了呀!达尔文把抓到手里的小甲虫左看右看后,又对树上的那只小虫儿开着玩笑地说:“拆散了又怎么样?我就让你找不着!”可是能把这只小甲虫藏到哪里呢?达尔文灵机一动,就把它塞进了自己的嘴巴里。当然,他可不想活吃虫子,就是和虫子闹着玩呢。

呀!只听达尔文痛苦地大叫一声。原来,这只小甲虫不知是用牙齿还是尾针什么的,对侵犯它自由的人进行了猛烈的反击和报复。小甲虫刺痛了达尔文的舌头,还放射出辛辣的毒汁。达尔文猛地将甲虫吐在了手心里,“哟哟,开个玩笑,就让你生气啦。好了,好了,对不起,我还是放你回家吧。”达尔文把这只无名的小甲虫放回到树干上,让那对“小伙伴”又团圆了。后来呀,英国人为了纪念达尔文发现的这种小甲虫,干脆就给它起了个名字叫“达尔文”。

达尔文终于在 1831 年从神学院毕业了,他能做什么呢?像父亲期待的那样,去当一个牧师吗?在城里找一份牧师工作的机会并不是很多,那么只好到乡下去了。达尔文曾经想过,他也许只能当个乡间牧师来了此残生吧。

阅读思考

① 20 岁的达尔文处在人生的十字路口,如果是你会采取怎样的措施呢?会不会寻求他人的帮助?

② 达尔文在捉甲虫时,为什么会把甲虫放到嘴里?又怎么会忘记嘴里的那只甲虫呢?

第九章　遇到了第一个伯乐

1831 年，对达尔文来说，是他人生中会有重大转折的年份。

这一年，他 22 岁，已经得到剑桥大学神学院的毕业文凭，其实凭着他们家的生活条件，他完全可以过一种衣食无忧的日子。可是他总是觉得自己的人生之路不能这样来走。几年的大学生活究竟给了达尔文什么收获呢？当这位著名的科学家在晚年回顾他的一生时，他曾经有过一段非常冷静的分析和总结。他有些偏执地认为，当年的这些所谓高等教育完全是一种浪费，那些大学里设置的所谓正式的课程真的是枯燥无味，他并没能从课堂上学到什么。但是，达尔文坚定地认为，自己在大学里还是有收获的，那就是，他在课余结识了一批优秀的博物学家，从他们那里接受了科学训练，这一切，已足以让他受益终身。

1831 年 8 月，阳光朗朗地照在大西洋的水面上，就是这片宏大的水面拥抱着美丽的英国。海风轻轻地吹着,有海鸟儿在天空中飞翔着。从剑桥大学校门走出来的达尔文当时的心境用无所事事形容,还是比较贴切的。他早已把初到神学院时学习的《圣经》忘得差不多了,对到乡下去当一个牧师也迟迟没有行动。

他常常一个人跑到海边散步,看着那从大西洋深处吹来的海风扬着渔船上的白帆。

就是在这样一个偶然的机会里,他遇到了一个自己的老友亚当·塞奇威克。

亚当见到达尔文立刻露出了少有的热情,“哇,这不是当年在爱丁堡大学宣读自己生物学论文的达尔文先生吗?怎么自己一个人在这儿散步呢?”

达尔文认出了亚当先生,他自嘲地说:“我是没有事情做呀,难道你想让我给你宣读一下《圣经》吗?”

“你呀,真是会开玩笑。咱们俩多少年前不就是臭味相投吗?干什么和我绕圈子,你没有事情做,我给你说呀!”亚当说着上前亲切地拍了拍达尔文的肩膀。

原来,亚当这次出来,就是继续搞岩石和化石的研究的。亚当是一个极具科学钻研精神的年轻人,很欣赏当年达尔文在爱丁堡大学里对海洋生物的痴迷状态。他需要达尔文当自己的一个助手。

当然了,鼓捣岩石也好,寻找化石也罢,这些可都是达尔文最喜欢做的事情了。一个人搞研究没有伙伴,是多么苦恼的一件事。是亚当给了他一个机会,把他多年埋藏在心里的欲望之火又悄悄点燃了。与亚当的化石在一起的时间很短,但亚当却告诉了达尔文一件非常重要的事情。

什么事情呢?英国政府正在寻找科学人才组织一次环绕世界的旅行。当然这支旅行的队伍人选必须经过严格的考察。

达尔文忽然感觉一个美丽的梦想正在向他走来。这是一个极其大胆的愿望,如果自己能参加到政府组织的这支环球旅行团队,那将是多么幸福和快乐的事情呀。

当然,达尔文知道梦想并不是等来的,自己一定要采取积极的措施。无论是从自己的年龄和阅历,都不会在政府的决策者面前通过的。必须要找一个权威的专家,一个了解和熟悉自己的重量级人物举荐他,或许能拿到这次环球旅行的船票。他想到了自己的一位大学教授亨斯洛先生。他向尊敬的老师表达了自己心中强烈的愿望。

亨斯洛先生在英国是一位德高望重的地质学家,在地质学研究方面,他有着相当高的造诣,是一位在自然科学领域里有着一言九鼎地位的前辈。作为达尔文的老师,他对这个不喜欢神学却潜心研究动植物科学的小伙子,早就在心中赞许已久,只是不愿意当众表白。他曾经看过达尔文写的几篇有关自然科学方面的论文,便发觉那虽然不很多的文字背后闪烁着年轻人少有的智慧的光芒。达尔文是一个特殊的人才,他有自己的思想,有独立思考的能力,从不愿跟在别人的后面做那些沽名钓誉的事情。他从心里喜欢这样的年轻人,达尔文会为英国甚至世界的科学发展写出有创造性的一笔的，一旦有机会，就应该给他提供呀。

如果说达尔文是一匹千里马的话，那么，这匹千里马遇到的第一个伯乐就是亨斯洛先生。

地质学家亨斯洛亲自给英国政府负责这次环绕旅行的海军部写信举荐了达尔文。他的举荐获得了批准。紧接着，这位地质学家又带着极其喜悦的情怀，让这一喜讯通过信件送到了达尔文的手上。

亨斯洛在给达尔文的信中说："这次环球旅行的船叫'贝格尔号'，这条船将会载着你的梦想周游世界。'贝格尔号'的舰长费茨罗伊会热情地欢迎你的到来，他将在非常宝贵的船上为你准备一个房间。当然，这个房间并不是让你享受的，而是给你用来进行科学研究的。能获得这种殊荣的人世界上不会很多，因为船舱是很小的。我之所以能把这张极其宝贵的船票送给你，是因为，在我认识的所有年轻学子中，你是这方面最合适的人选。还要提及的是，你必须做好吃苦的思想准备，因为这次航行延续的时间需要两年，对你，或者说对整个英国，都是一个非常难得的机会。愿神赐福于你吧，幸运的年轻人！"

我们可以想象到，达尔文收到这样的信时，是怎样得欣喜若狂。环球航行，在19世纪，虽然早不是什么新闻了，但对于一个刚刚过20岁的年轻人，毕竟有着太多的幻想和吸引力了。达尔文曾经多少次趴在世界地图前，一遍又一遍地看着上面画着的经纬线，早在1492年，一位叫哥伦布的意大利航海家，就是在西班牙国王的支持下，带领着三条船扬帆远航，

为了随船航行的事情，达尔文和父亲闹僵了。听了舅舅的劝说，达尔文又坐着父亲的面前，耐心地与父亲交谈起来。经过他的耐心讲解，加上舅舅的支持，父亲最终同意了他参加环球航行。

名家名言

科学就是整理事实，以便从中得出普遍的规律或结论。

名家名言

乐观是希望的明灯，它指引着你从危险的峡谷步向坦途，使你得到新的生命、新的希望，支持你的理想永不泯灭。

去寻找新的大陆。是哥伦布发现了美洲,他的船在巴哈马群岛登陆时,误以为自己已经到了印度。哥伦布呀,你曾是达尔文的崇拜偶像。尽管你的结局非常悲惨,在1500年进行了第三次航行之后,竟然被剥夺了权力,戴上了镣铐被押回到西班牙,最后默默地死去了。

哦,达尔文又想起了一个叫麦哲伦的英雄。他是葡萄牙的探险家,在1505年和1521年间曾多次代表葡萄牙进行印度和非洲的航行。1521年的春天,这位英雄带着船队到达了东印度群岛,但是这次成功是一场悲剧式的成功。麦哲伦被当地人杀死了。但历史会记住,麦哲伦是世界上第一个完成环球航行的先驱。

达尔文向自己的老师亨斯洛先生表示,他不会辜负前辈的期待,做人就是要做哥伦布和麦哲伦这样的人。他也要改写或者重新书写科学的历史,哪怕在一门小小的研究中有所突破,也不至于枉活一世。生命是宝贵的,但是,为了心中的追求,为了梦想的实现,他也会像麦哲伦一样纵然命丧九泉,也无怨无悔。

亨斯洛先生后来在谈到为什么介绍达尔文到贝格尔船上环球旅行时,还说到了一个很重要的原因,就是舰长费茨罗伊也是一个年轻人,他的年龄和达尔文差不了几岁。世界上的很多事情,只能由年轻人来做,因为年轻才有活力,因为年轻才敢冒险,一个不敢冒险的人,不会创造惊天动地的壮举。

阅读思考

① 达尔文渴望参加环球旅行,最后他获得了这次机会,他是怎样做到的?

② 看完这一章,你认为获得机会和成功,需要哪些条件?

第十章　得到了舅舅的鼎力相助

达尔文要环球旅行的消息很快就传到了父亲的耳朵里。虽然儿子已经大学毕业了，也不是小孩子了，但乘船航海，而且一走几年，这中间隐藏着多么大的风险，有多少人葬身大海，生活中这样的惨剧还少吗？

这简直就是胡闹，是异想天开，是不知道天高地厚，达尔文的父亲竭力反对儿子参加航行。“你已经在剑桥大学的神学院毕业了，你完全会在神学职业上有发展的。为什么要冒着生命危险去航海呢！”老父亲说得慷慨陈词，情到深处，又不禁双泪横流，“你是我的小儿子，我实指着你来接我的班，让你能在医学界有所发展，可是你学不了医学，见不得流血，这我也让步了。可是你已经学习了神学，而且也拿到了大学的文凭。为什么就不能在神学职业上用一下心呢！”

面对着父亲的坚决反对,达尔文不知所措。他从本质上讲,还是一个听话的、通情达理的孩子。在以往多年的生活中,达尔文都不能摆脱父亲的支配。父亲对自己是真心关爱的,这一点他从来不怀疑。只是两代人的想法不同,或者说这就是代沟吧。想到这些,达尔文不忍心反抗父亲。达尔文像一只小兽困在狭小的胡同里,不知道自己的出路在何处。如果不听从父亲的劝告,他就会于心不安。可是听从了父亲的安排,他又感到违背了自己的理想。

那是一段让达尔文心灵煎熬的日子,虽然仅仅是几天的时间,达尔文仿佛度日如年似地在犹豫中徘徊着。怎么办?怎么办呀?是去,还是不去?当夜里,老父亲再一次推开他的房门,劝说达尔文放弃航海计划时,达尔文看到月光下的父亲变得苍老了,那布满皱纹的脸上分明淌着泪水。

是父亲的泪水让达尔文的心一下子软了起来。他说:"父亲,您别劝我了,我听您的。我不去了。"

在那个晚上,年轻的达尔文忍受着极大的心灵痛苦给他的恩师亨斯洛教授写了一封信,在信中,他感谢恩师的提携和举荐,又婉约地道出了家庭的阻拦,并表示暂缓参与环球旅行。

信写完了,但达尔文的心却像大海一样无法平静下来。

达尔文就像坐在火山堆上一样,处在一种焦躁的状态,他的精神都有些接近崩溃了。他感到自己不能再待在这个家里呢,他需要立刻更换一个环境,若不这样,他也许会被憋死的。

上哪儿去呢?

他想起了自己的舅舅。前面的文字里,笔者曾经提到过达尔文的舅舅,在达尔文的一生中,他的这个舅舅是一个影响他生命的重要人物。他的这个舅舅,后来成为了他的岳父,在后文中笔者会对这一段故事较详细地叙述的。

第二天早晨,达尔文踏着露水一路行走,来到了舅舅家。舅舅家住在一个叫美尔堂的地方,这里是一个林区,林中有着各种动物。

"哦,达尔文,我亲爱的外甥,一大清早你跑来做什么呀?"舅舅热情地和他打着招呼。

"我,我,我是来这儿打猎的,快给我找一把猎枪吧!"达尔文说得有些支支吾吾。

"哟,你这个淘气小子,今天怎么突然想起打猎来啦?"舅舅看着达尔文的脸色,显然他已经发现自己的这个外甥肯定是有难言之隐的。

达尔文心里藏不住话,索性就和舅舅坦诚地说了自己这两天的不悦之事。把亨斯洛教授推荐他参加环球旅行,以及父亲阻拦不让去的事情,一股脑全都和舅舅说了。

舅舅听完了达尔文的话,沉思了一会儿,他把达尔文从房间里领了出来,两个人站在林边的小路上,迎着东方的太阳慢慢行走着,行走着,边走边说。

"达尔文呀,我听了你的介绍,真的是为你感到高兴呀!"舅舅的脸上飞扬着太阳般灿烂的色彩,"能去环球旅行这是一个多么好的机会,甚至可以说是千载难逢呀,为什么不去呢?"

达尔文没有想到,自己的舅舅竟然是这个观点,他和父亲的态度完全两样。

"贝格尔号环球旅行,一旦错过机会,你将会终生悔恨的。你父亲的心情可以理解,但他的观点和想法已经是太落后了。你一个人做不了他的工作,就轻言放弃,这不是一个应有的正确的决定。"舅舅看着达尔文的眼睛,舅舅的眼睛里写满了坚定和成功。

"我要亲自出面,帮你转变你父亲的态度,我相信只要我们把道理说清了,你的父亲会支持你的。"

"舅舅,您真的能出面来做我父亲的工作吗?"达尔文还是有些怀疑。

舅舅神秘地笑了一下,说:"你现在就出发回家吧,和你的父亲再好好地谈一下。记住,要推心置腹地讲道理,你呀,我知道你有一些毛病,比如花钱方面大手大脚,家里有多少钱够你填到大海里呀? 这些,你都要和父亲谈呀,不能回避矛盾。"

达尔文点着头问:"我马上走,舅舅,那您什么时候去我家呢?"

舅舅的脸上还是挂着神秘的微笑,说:"这个嘛,暂时你就不用操心了。"

达尔文回到家里,又坐在了父亲的面前,他真的是一个聪明的孩子,并没有先谈什么环球旅行的事,而是给父亲打来洗脚水，帮着父亲洗脚，然后又给父亲找来刮胡子的刀片，帮着父亲修理一下过长的鬓角。看到儿子懂事的样子，父亲也觉得两个人的心已经没有了障碍。

经过了这样一番的铺垫之后，达尔文才用温柔的语言和父亲交流了思想："父亲，我知道您是在我小的时候，就为我设立了一个远大的目标，比如让我当医生，让我当牧师，可是我没有按照您的意愿选择人生之路。父亲，我让您失望了。"

看到儿子如此通情达理，父亲的话也软了下来："我也在思考呀，对你们这样的下一代，不能强制性地来设计你们的人生。可是，你什么时候能理解爸爸的一片苦心呢？"

达尔文说："父亲，您的人生是成功的，是在探索疾病的奥秘，解除病人的痛苦。我现在的志向是探求大自然的秘密，寻求和解决人类的难题。其实咱们两个人的目标是一致的呀。就说这次我要参加环球旅行的事吧，这是一件多么难得的机会呀，您……"

父亲一听到"环球旅行"几个字，脸色立刻变了，刚才还是春暖花开，瞬间就北风刺骨了，他斥责达尔文说："说你是一个孩子，不懂事，你不承认，还总觉得自己成熟起来了。你就想跟着贝格尔号船去环球旅行的想法，哪像一个正常人能想到的呢！你就是糊涂呀，不信，你问问任何一个大人，对，你不是最喜欢和你的舅舅交谈吗？我们都很敬佩你的舅舅，哪天你去问问他。他呀，肯定会劈头盖脸地骂你一通，说你是一个异想天开的糊涂虫！"

就像一出早已设计好的喜剧,就在老达尔文说出上面的这几句话时,他们家的房门突然被打开了,一个人笑嘻嘻地出现在这父子俩面前。

"舅舅!"达尔文惊喜地大叫起来,"你是从天上掉下来的吧?"

老达尔文也感到十分诧异,他揉了揉自己的眼睛,怀疑是不是幻觉,刚说到舅舅,他怎么就会突然出现在眼前了呢。莫非这是上帝的安排吧?

"哇!真的是你吗?我的乔赛亚!"乔赛亚是舅舅的名字,老达尔文呼唤着舅舅,伸出手来,一下子把他拉进了屋里,给他倒了一杯热咖啡,"正好,你来了,快来帮我教训一下这个淘小子。他呀,这些天不知中了哪门子邪,要去什么贝格尔号船上参加什么环球旅行。你快骂他一顿吧!他可是最听你的话了!"

舅舅看了看父亲,又看了看达尔文,突然哈哈大笑起来,说:"让我骂他,嘿,我还舍不得呢。刚才呀,我在门口听了一会儿你们的谈话。达尔文不是要去环球旅行吗?我看……"

舅舅卖了一个关子,下面的话故意不说,老达尔文有点憋不住了,"乔赛亚先生,你怎么看,快点说出来呀,我都急死啦!"

舅舅开口了,他的语调不高,语速也是不疾不徐:"要是听我说呀,我是坚决支持达尔文参加环球旅行的!"

舅舅的态度,让老达尔文大吃一惊,他像不认识眼前这个老熟人似地,足足瞪了他有半分钟。

舅舅真是有备而来的,他接着说:“不瞒你说,我早就知道你要拦着儿子出海这件事了,你做得糊涂呀!”舅舅的两眼直盯着父亲,“你说的那些理由,我认为是站不住脚的。达尔文已经不是孩子了,他有这样的胆量和机会,我们为什么不让他的梦想实现呢?”

老达尔文对舅舅乔赛亚一直尊敬有加,在家庭里的重大的决策事宜上,他都会自觉不自觉地听取舅舅的意见。“可是,就算达尔文不做牧师了,可是环球航行,除了处处的危险以外,还有高额的费用呢!”

舅舅听了老达尔文的话,又是嘿嘿一笑,他说:“我知道这次英国政府组织的远行,需要参加者自费,那是一笔相当高的金钱数目。可是我尊敬的老先生,凭着你家的经济实力,这些钱是可以拿出来的,为什么还要心疼钱呢?钱是做什么的?就是用来做正事的。达尔文的这次出海远行,我看对他的一生都会有重大的影响,说不定会成为他事业的机遇呢。至于说危险的事嘛,在家待着没有危险,在娘肚子里不出来才不会有危险呢!”

舅舅幽默的开导,已经让老达尔文无话可说了。

“行了,行了,我现在宣布投降,达尔文,我的儿子,我什么话也不说了。你去做出海的准备吧!”父亲终于向儿子妥协了。

达尔文上前紧紧地抱着父亲,激动得泪水都流了下来。然后,他又紧紧地搂住舅舅的脖子。“谢谢,谢谢你们啦!”

阅读思考

① 爸爸极力反对达尔文去环球旅行,如果是你,你该怎么办?

② 达尔文的舅舅给他出了怎样的主意?一个人遇到困惑时,需要寻求长辈的帮助,这个很重要。

第十一章　面朝大海扬帆远航

为了环球旅行，达尔文立即动手打点行装，他催促家里人给他准备显微镜和靴子。他订购了一打新衬衫，并根据朋友的建议买了一支来复枪和几支手枪。然后他和舰长前往普利茅斯去看“贝格尔号”。即使按照当时的标准，“贝格尔号”也不算是条大船。但在达尔文的眼里，说是一艘巨舰也不为过。虽然这条船从头到尾，不会大于一艘教练船。这艘军舰不仅要容纳70多人生活，而且还要载着他们作跨越世界和大洋的长途航行。

对于从未出过海的达尔文来说，“贝格尔号”给他的印象极为深刻。他一点没想到等待着他的是困在木墙壁船舱内晕船的痛苦滋味。“贝格尔号”的起航日程推迟了。在等待过程中，达尔文注意到他的手上突然出现了皮疹。他惊呆了，他还感觉到胸疼。难道他的心脏出了毛病？他不敢去看病。假如医生告诉他，不能去航海怎么办？胸疼总算不再严重,而"贝格尔号"终于在1831年12月31日驶入了大西洋。

达尔文带着行李来到伦敦。这是1831年的9月5日。

金色的秋天来到了,乡间里的向日葵朝着太阳扬着笑脸,风在田野里吹着,像是开始谱写一首丰收的交响乐。

在"贝格尔号"船上,达尔文和舰长费茨罗伊见面了。

两个人虽是第一次见面,却一见如故,像是多年的老友一样亲切热情。仿佛是前世的缘分让他们有着共同追求和爱好的年轻人走到了一起。百年修得同船渡,用中国佛家的一句禅言形容此情再合适不过了。

费茨罗伊舰长矮矮的个子,黑黑的皮肤,两只眼睛炯炯有神,透着一种干练和青春的活力。他和达尔文的年龄相仿,也是20岁才出头,正是一个充满梦想敢于挑战的年龄。

和达尔文不同的是,舰长这个年轻人,可是早已具备了一个航海家的资本了,他曾多次驾船出海,这艘"贝格尔号"曾载着他完成了对火地岛沿岸的勘察工作。

"哦,我亲爱的伙伴,可以让我欣赏一下你带来的行李吗?"一番寒暄后,费茨罗伊舰长亲切地拍着达尔文的肩膀说。

"当然可以啦,我不会曲解地以为你是检查吧?"达尔文也用英国人的幽默回答着。

因为需要很长时期的风雨同舟,达尔文和舰长之间的感情和习惯等都要磨合。海上行走,必须要将所必需的用品备足。虽然达尔文已经反复考虑,但经验丰富的舰长还是帮着他做了最后的调整。该带的必须带,不该拿的就得忍痛割爱了。

费茨罗伊舰长用老朋友的语气告诉达尔文,为了节约船上的空间,尽量减少携带物品的重量。大家能共同使用的东西,就得共享了。舰长真是一个爽快大方的人,他对达尔文说:“你喜欢看的书,我也喜欢,咱们只带一套好吗?你可以随便到我船上的房间里拿书籍来看哟。当然,我的房间里,还有许多生活用品和武器,你都是可以使用的。另外,你也可以与我一起进餐。我们是否采取 AA 制,你就随便吧。”说到这儿,舰长又诡秘地一笑,“我的房间里可是带着几瓶威士忌好酒呢,你可不能偷着喝掉了。因为我有纪律的,我是不允许船上的人随便喝酒的。”

“谢谢舰长先生,我还有两件最宝贵的东西,是专门为这次远行而买的,你有兴趣欣赏一下吗?”达尔文笑着问。

“当然啦,是什么宝贝?我看看。”

达尔文从身上的一个小包里掏出来两件东西,一个是望远镜,另一个是指南针。

“好呀,好呀,这两个东西买得好,有了望远镜,我们就可以在海上寻找远方的船只和岛屿了。有了指南针,我们也不会迷失方向了。尽管你的这两样宝贝我们的船上都有,但是我还是允许你将它们带在身边的。”

费茨罗伊舰长爽快地笑了起来。

达尔文仔细地观察和了解了这艘将伴随他周游世界的“贝格尔号”。这是一艘老式的两桅方帆军舰,排水量为 235

吨,船员们已经将船重新刷完了油漆。在当时,这确实已经是一艘很有规模的“巨舰”了。

“来来,我亲爱的地质学家达尔文先生,请允许我将我的伙伴介绍给你认识一下吧!”费茨罗伊舰长把“贝格尔号”将要出海的所有船员都集合在甲板上了。

除了舰长之外,这次出行的还有船上的两个尉官、一名医生、十名军官、一名水手长、四十二名水兵和八名少年见习水手。此外,还有一个专门看管仪表、天文钟和其他仪器的人,一名美术家和一名绘图员,一名曾去过火地岛的传教士,三名费茨罗伊上次航海时带到英国的火地岛人。

真是一支宏大的队伍呀。在这支队伍里,只有达尔文是以科学家身份参加的,大家都称他为博物学家。在这些同行者中,达尔文无论是家庭出身还是受过的教育,都是别人不能相比的,但是他没有贵族的架子,时常与伙伴们以兄弟相称,并随便地开着玩笑。

一段漫长的准备工作结束之后,1831 年 12 月 27 日,“贝格尔号”终于起锚了,出发的地点是英国著名的普利茅斯港口。

这一天,对达尔文来说,是他人生中的一次极为重要的航程。这天,东风吹拂,阳光像碎金子似地洒在海面上,让每一个船员和送行的家人都产生美好的联想。

“贝格尔号”上白色的风帆扬起来了,海风把帆鼓起来,舰轻轻地离开码头,朝着海洋的深处行驶着。

达尔文此时真想张开嗓子大声地唱一首歌呀。

阅读思考

① 达尔文的探索激情支持他参加了环球旅行,你的人生中有哪些激情,你打算实现吗?

② 生命需要挑战,你希望自己的人生充满挑战吗?你打算怎样来应对?

第十二章　开始对物种进行考察

离开港口的“贝格尔号”朝着大海深处行驶着。它的速度是每小时 13 到 15 公里，这在当时已经是相当快的速度了。

这是达尔文第一次乘船远行，好奇心与兴奋劲让他晚上久久不能入眠。除了舰长的房间，他在宿舍待着可能是最好的选择了。因为他是交了钱的，更重要的是他有博物学家的特殊身份。他睡的是一张吊床，虽然简陋，但与其他的海员相比，他的条件可是够高级的了。第一次出海，所见所闻都让达尔文感到十分的新奇，他就是在这样惊奇的气氛中度过了第一个夜晚。

天亮了，太阳从东方升了起来。第一天的航行几乎是非常平稳的，海上的风很小，几乎就是恰到好处地鼓起船帆后，就悄悄地消失在海面上了，放眼望去，海面都像一个大大的

1832年1月16日，“贝格尔号”在佛得角群岛附近的一块陆地停留下来。这个小岛有着优美的热带风光，到处都是飞鸟和小动物，但是没有人类的足迹，岛上的世界就是一个原生态的自然景观。这里像童话世界一样充满了神奇和美丽。达尔文一路行走、一路观察，把各式各样的石头用地质锤敲下来放进背包里！随身的小水手已经累得满头大汗，因为他的背包已经被达尔文装满了。

名家名言

脾气暴躁是人类较为卑劣的天性之一，人要是发脾气就等于在人类进步的阶梯上倒退了一步。

名家名言

我一贯力求思想不受束缚。

镜子，又平又亮，让你有一种想踏上去散步的冲动。

可是，这样的时刻突然间停止下来，原来平静如镜的海面，像有一个深藏不露的魔术师施展了魔法一样，不知怎么忽然间就狂风大作了。海水如同被一张神奇的大手搅动起来，仿佛潜伏在海底的一条巨龙在狂躁地舞动着，“贝格尔号”舰，像一片小小的树叶在浪涛中剧烈地晃动着。

达尔文像吃错了药似的，五脏六腑翻江倒海，早晨刚吃进肚里的食物喷射状地吐了出来。此刻，他感到天旋地转，只能将身体贴在房间的地板上。嘴里不停地喊着：“救救我，救救我吧！”

一个好心的小水兵走了进来，把达尔文扶起来，靠在一个椅子背上。“别急别慌，你这是晕船了，谁出海都是要过这一关的。没有大事，你吐出来一会儿就好了。”水兵给达尔文倒了一杯热水，让他喝下去。

也许还是年轻，身体素质强，过了一个多小时，达尔文的情绪终于稳定下来了。船还在摇晃着，但是他的意识已经清醒了，看着同船的伙伴们在风浪面前若无其事的样子，达尔文悄悄地对自己说：“人们还称呼我是博物学家、地质学家、生物学家呢，这么多科学家的头衔，却禁不起晕船的考验，那可是太丢人喽。达尔文呀，你这次出海是做什么来了？不是玩，是来考察的。我早就知道有晕船的事，今天的考试我要得个优秀，怕什么呀。别人不怕晕船，我也能挺过来的。”

是坚强的意志让达尔文很快就摆脱了晕船的烦恼。两天又过去了，风仍然很大，浪仍然很高，可是你看达尔文却战胜了自己晕船的困惑,已经可以和伙伴们说说笑笑地迎接着更大的考验了。

振作精神后的达尔文成了“贝格尔号”上一个活跃的船员,他拿出一张小网,一步一摇地走到甲板上,把它挂在船尾的下面。网在船尾处张开了口,随着海浪的翻卷,总有一些海里的小动物被浪花抛到网子里。船行驶着,不到一刻的时间,那个小网里已经有了许多的收获了。

刚才帮着达尔文倒开水的那个水兵看到这种情形,不解地问:“达尔文先生,你是不是想吃海鲜了,是要用这种方法捕捞一些小鱼小虾吗?”

达尔文笑了笑,说:“小兄弟,我当然知道,在大海里航行是不愁吃海鲜的,不过,我用这张小网收获的小动物可不是为了吃哟!”

“咦?不是为了吃,那是为了什么呀?”

“为了搞研究。”达尔文说着,一边掏出了笔和本,一边拿出一个放大镜,把收集到的这些小动物分门别类地进行登记整理。

好奇的小水兵靠近达尔文问:“这些东西都有用吗?”

“那是当然了,因为我系统地学习过生物学,对生物化石做过大量的分析和研究。这些小动物在你的眼里或许就是一些小鱼小虾,可是它会告诉我很多关于大海中生命的秘密呢!”达尔文一边说着一边不停地在本子上记着什么。

“你不愧是科学家,我太佩服你们这些有知识有文化的人了。先生,如果我能帮你什么忙的话,我会感到很快乐和幸福的。”小水兵伸出双手,表示着自己的热情。

“好呀,我还真的需要一个小助手呢!”达尔文也把手伸出来,紧紧地握着小水兵的胳膊。“小兄弟,你看到没有?”达尔文手指着船上的风帆说。

“那是船上的帆呀,怎么了?”

达尔文轻声地对小水兵说:“昨天水手长告诉我,船在行走了一段时间后,风帆桅顶处的那个风向旗的旗布上,总会落上一层厚厚的灰尘。我根据海图观察了一下,认为很有可能是海风吹来的熔岩灰,你能帮我爬到那个风向旗的地方,从旗布上收集一些熔岩灰吗? 这些东西对我搞研究很有用处的。”

看到科学家达尔文对自己这样信任,小水兵点了点头,说:“我身子轻,爬高没问题,不就是弄旗布上的什么灰吗?你等着吧,我带着工具去弄好了。”说着,小水兵就朝桅杆处跑去。

达尔文说了声谢谢后,又朝着小水兵喊:“喂,小兄弟,一定要注意安全哟!”

当舰长走进达尔文的宿舍兼工作室时,只见这位博物学家已经开始埋头在搞科学研究了,只见他用显微镜仔细地观察着熔岩灰,把计算出的数据抄在一个小本子上。看到舰长进来后,达尔文惊喜地招呼着他:“我亲爱的舰长先生,请分享我收获的快乐吧，你来看看，这里有许多的小动物呢！知道是从哪儿来的吗？是海风把它们从南美洲吹来的，是这些小动物让我发现了一个新的世界呀。"

舰长对达尔文研究的科学并不熟知，但他对达尔文的科学精神是敬佩的。

"我尊敬的达尔文先生，我以舰长的名义向你的敬业态度表示赞赏，不过，你也要注意休息哟，因为你的身体已经不再属于你自己。"

"谢谢你，舰长！"达尔文只是抬头看了一眼，又沉浸在他的研究中了。

阅读思考

① 因为达尔文不是专业船员，所以会晕船，他是怎样克服的？

② 达尔文抓住一切机会进行生物研究，找出本章中记述他搞研究的事件。

第十三章　从荒岛上产生的怀疑

1832年1月16日，达尔文乘坐的“贝格尔号”在佛得角群岛附近的一块陆地停下来。

这个小岛是一个到处荒芜无人居住的岛屿，达尔文曾在前人的海图上见过它的名字——圣地亚哥岛。除了这里优美的热带风光外，前人对这里还没有更多的文字和图片记载。所以，达尔文带着自己的工具上岸了，他要在这个岛上留下科学探索的第一行足迹。

舰长当然是这次旅行的总指挥了，他的组织才能在这个“贝格尔号”上得到了充分的展现。

“水手长，你带着五名水手向南走，你们的任务是考察海水的流向。”舰长分配完工作后，又特意把那个小水兵叫到达尔文的身边交代说：“你，就为达尔文先生做助手吧，一切行动都要听从我们科学家的指挥哟。当然了，我不必再提醒你,应该由谁来背工具包、背水壶、拎地质锤子了吧!”

“放心吧,舰长,我还真想跟着达尔文先生学到更多的知识呢!”小水兵响亮地回答着。

这个荒岛上到处都是飞鸟和小动物,但是还真的找不到人类的足迹,岛上的世界就是一个原生态的自然景观,这里的一切都是由造物主描绘的,所以具有原始的属性,更可能提示出地球本原的一些奥秘。

走在这样的荒岛上,一般的人可能会感到很孤单,甚至很恐怖,可是在达尔文的眼睛里,这儿却像童话世界一样充满了神奇的美丽。他不时地停下脚步,静静地听着那不熟识的鸟儿在林中歌唱,他看到了新奇的昆虫围绕着新开的花朵跳着优美的舞蹈,仿佛是在欢迎远道而来的客人。生命真是太神奇了,世界真是太美妙了。达尔文觉得自己的眼睛都不够用了,一会儿用笔记着什么,一会儿又掏出放大镜在细心地观察着什么。

一路行走，一路观察。达尔文把各式各样的石头用地质锤子敲下来放进背包里，这些石头有黑色的、白色的、红色的，还有的石头里竟然夹着一束花纹。真是太有意思啦！

一会儿，一个背包就被装满了，小水兵把装满石头的背包背在自己的肩上，他已经够辛苦的了。可是达尔文的采集工作并没有结束，又有一些石头映入了他的眼睛，他像发现宝贝似地敲了下来，一个背包已经装不下了，达尔文又打开了第二个背包。

好家伙，总不能让小水兵一个人背两个背包吧！第二个背包达尔文把它背在了自己的肩上。哇！后来的这个背包够沉的了，里面都是石头，可不是棉花呀。背包带深深地勒进了达尔文的肉里，他的浑身上下都被汗水浸透了。

"达尔文先生，我冒昧地问一下您可以吗？这些乱七八糟的石头，你却当成宝贝似地收集起来，它们到底有什么用呢？"小水兵擦了一下脸上的汗水，睁着好奇的眼睛问。

"哦，我们先坐下来，擦擦汗，喝点水吧。"达尔文帮着小水兵解下肩上的背包，然后两个人席地而坐，边喝着带来的淡水，边和小水兵聊着石头的故事。

"你看，我收集的这每一个石头都是有用处的。比如，这块石头吧……"达尔文把手里的石头伸向小水兵，那块石头在阳光的照耀下发出斑驳的光彩，"石头是有层次的，每层石头里有着不同的贝壳和海生动物的遗骨。那么，这些东西能告诉我们什么呢？在我看来，这些石头是会说话的，它能告诉我，它是哪一个年代的生物，这些可都是非常有价值的地质材料哟。你在城市里有钱也买不到的,都是宝贝呀!”

助手小水兵听着达尔文的介绍,多少明白了其中的一些道理。他十分佩服达尔文的钻石精神,还主动地帮着达尔文寻找有价值的石头,在和达尔文工作的这段时间里,小水兵觉得自己的生物知识大有长进呀。

当天的夜里,在船员们休息睡觉的时候,达尔文还在继续搞他的研究,他把收集到的那些石头分门别类地贴上标签,在笔记本上记录下收集的经过。这一切,他做得都非常认真。

就是在圣地亚哥的荒岛上,达尔文对收集到的各种生物化石开始进行认真地思索:自然界的奇花异草、生灵万物究竟是怎么产生的?它们为什么会千变万化?它们彼此之间有什么联系吗?

这是一个年纪刚刚过20岁的科学家的奇特思考。

问题就是这样在他的头脑中形成了,怎么解开这些谜,他当时还没有一个清晰的路径,他还在一种模糊的状态中寻找着什么。

但是,他从这些收集到的大量的生物化石中,对社会上已经固有的理论产生了怀疑。怀疑什么呢?一是神创论,就是来自《圣经》中的关于人类起源的理论;二是物种不变论,这在当时的英国,自然科学界里也有着不容挑战的权威性呀。

没有谁和达尔文在这个荒岛上讨论着如此深奥的科学话题,但他已经开始向科学的圣殿迈出了属于自己的一步。

仅仅是开始。但这种开始是对生命的觉醒,是对前人的挑战,是面向世界的质疑,能做到这一点真的很不容易。达尔文在圣地亚哥岛上的考察的意义当时他并不知道，只是到了后来的很多很多年之后，我们才发现圣地亚哥岛真的是一个圣地。

又到开饭的时候了。

“达尔文先生，今天我会给你一个惊喜的。”“贝格尔号”舰上的厨师挺着肚子朝着达尔文喊着。

“你能有什么惊喜？还不是天天吃那些一成不变的东西。”达尔文朝着厨师开玩笑地说着。

“我不说了，让你闻一闻味道，我保证你的口水都会流出来的。”厨师把一个大餐盘端到了船员吃饭的餐桌上。一股浓郁的肉香味扑面而来，所有的船员都深深地抽了一下鼻子。哇！太香啦，太刺激啦，是要过节了吗？真的是好吃的东西呀。

“这是什么肉？”达尔文把眼睛凑在那个大餐盘上。

厨师说：“还问什么，你尝一口就知道了。”

“你不说出肉的名字，我不会吃的。”达尔文咽了一下口水，坚定地说着。可是其他的伙伴们都忍不住了，一个个纷纷拿起刀叉，开始大块大块地吃起来了。

远航在大海上，是很少能吃到新鲜蔬菜的，淡水也要从陆地上带，大海里到处都是水，可是那水又咸又涩，你一口也喝不了的。肉，只能吃到鱼肉了，吃鱼当然很方便喽，海里到处都是。可是让你一天到晚总是吃鱼，用不了几天，非把你的胃吃腻了不可。

“贝格尔号”舰刚才停泊在大西洋岸边的一群火山岛上，

那是荒岛，没有人烟，也不可能有蔬菜和人工饲养的动物供船上购买。如果遇到有人居住的较大的岛屿，这些生活必备的食品类等东西是可以得到补充的，甚至船员们还可以把自己写的书信交给当地人邮寄到家乡呢。可是刚才的火山岛没有人居住，他们又是从哪儿弄来的“好吃的”呢？

厨师瞅着达尔文认真的样子，终于“招供”了：“为了给大家改善一下生活，不能总让大家吃鱼了，在火山岛上，你去山顶找化石的时候，我就带着几个人逮了一些海龟，还有一些大鸟什么的，带到船上来了，让大家解解馋。”

“那些动物在哪儿？”达尔文问。

“就在你的眼前，大家吃的就是。”舰长说。

“什么？你们的胆子这么大，什么东西都敢吃！为什么不让我检查一下，你们抓住的那些动物是不是有研究价值呀！”达尔文连珠炮似的大声地责问着。

船员们放下了手里的刀叉，目瞪口呆地看着达尔文这个怪人。

达尔文跑到厨房里，看了看被逮来的海龟等动物。哦，原来都是一些很普通的没有研究价值的野生动物。“哦，我是有时神经质喽，看过了，看过了，这些东西是可以吃的！”达尔文瞅着其他船员,像是自言自语地说着。

“哇！这些东西可以吃,达尔文先生发布命令啦,我们继续吃肉啦!”舰长拍着达尔文的肩膀笑着说。伙伴们这才一个个又喜笑颜开,朝着餐盘挥动起手里的刀叉来。

“别都抢光了,给我留一块!”达尔文大声地笑着,竟然卷起袖子露着长臂朝餐桌上最大的一块海龟肉伸去。

1832 年 2 月底,“贝格尔号”到达巴西,达尔文上岸考察,向船长提出要攀登南美洲的安第斯山。

舰长吃了一惊,急忙说道:“这山又高又长,你怎么走得过去?”

“我就是要走前人没走过的路!”达尔文坚定地说道。

舰长被他的精神所感动,答应了他的要求,为了安全起见,又派了两个向导带一匹马一同前往。

现在,达尔文站在安第斯山的一处高峰上。安第斯山脉贯穿南美大陆西部,是世界上最长的山脉,全长有近九千千米,人们给这山脉一个非常形象而美好的比喻,叫“南美洲的脊梁”。这个山脉的海拔也很高,达尔文凭感觉,也能知道他站的位置至少在海拔四千米左右。

站得高,就看得远了,达尔文把目光伸向远方,那连绵的山脉,像一片片凝固的海浪。云层中有鹰在舒展着翅膀。起风了,山上风儿很轻,吹拂着达尔文的头发,又像是和他说话:“别总站着了,坐下来歇会儿吧!”达尔文这时低下头来,它要找一块平整的石头坐一会儿。

咦？他的目光突然被脚下石头上的一个东西吸引住了。

这石头上是什么？是贝壳呀！没错,真的是贝壳！达尔文猫下腰来,想把那块石头抱起来,可是石头太大太沉了,无论如何他是抱不动的。达尔文只好趴下来,就趴在了那块石头上。哈,不是一个贝壳呀,这块石头上到处都是贝壳的形象。他双手抚摸着布满甲壳化石的大石块,像是抱着一个罕见的珍宝。这么多的贝壳,都已经变成了化石啦。这种贝壳只能是在海底才有的,现在居然跑到了海拔四千多米的高山顶上。这说明了什么呢？在几十万年甚至亿万年前,这个地方就是大海呀。没错,肯定就是大海。

达尔文站了起来,他激动地揉了揉眼睛,像一个充满激情的舞者,猛地蹦跳了几下,接着又一会儿向左,一会向儿右,巡视着四周的山脉,细细端详着脚下的石头。他的双眼放射着兴奋的光芒,他对随着他来的伙伴们大声地说:“朋友们,你们看呀,这山脉两边的植物的种类都是不相同的,世界上的物种不可能是一成不变的,它们都会发展,都要变化。制约它们变化的是什么呢,只能是客观条件！”

阅读思考

① 达尔文在海岛上表现得如此激动,为什么呢？他发现了什么？

② 想一想,如果你痴迷一件事情,你会亲身去实践和参与吗？你能从中得到什么启发？

第十四章 愚人节开个玩笑

随着“贝格尔号”环球考察，一晃儿几个月过去了。达尔文觉得自己的收获真是太大了。

不过，远离家乡，他也时常想念亲人们。有着聪明才智的大哥、体贴关心他生活的二姐、脾气倔强的父亲，还有见多识广通情达理的舅舅。

当然，更多的时候，一个年轻漂亮的小姑娘的影子会突然映入达尔文的脑海。她就是他的表妹埃玛。几年过去了，埃玛已经出落成一个如花似玉的美女了。达尔文不只一次地回忆他们在一起的日子：中学时被校长批评后自己低落的情绪，就是埃玛用亲手制作的一盒奶酪帮着自己走出低谷的，是这个姑娘用一个火热的心温暖了自己，山穷水复，变成柳暗花明了。这次环球旅行，埃玛对达尔文也是既坚决支持，又百般叮嘱要注意安全，要学会保护自己。

达尔文觉得自己身处大海之中，远离故土，心灵并不孤独,是埃玛等亲人的名字鼓励着他迎接着每天升起的太阳,也激励着他向科学的圣殿努力攀登着。他绝不是一个人在孤军作战,他的背后有推荐他的教授,有那么多亲人呢。

风轻轻地吹着海浪,海浪拍打着“贝格尔号”的舰身,那声音很富有节奏感。达尔文突然产生了一种幻觉,从海浪的声音里,他听到埃玛弹钢琴的旋律。真是好久没有听到埃玛的琴声了,她的钢琴是世界上最美的音符呀。亲爱的,什么时候,我还能听到你的琴声呢?

把思念亲人的爱,深深地埋在心底吧,呼吸着那潮湿的海风,达尔文又投入到新的探索之中了。

这天,“贝格尔号”又扬帆远航,来到了一个叫费多迪诺罗尼亚的小岛边上。有着丰富经验的达尔文,一眼就看出,这是一个火山岛。他用目测的方式,判断这个小岛的高度在一千多千米。在他的建议下,船长下达了停船靠岸的命令:“我们的博物学家要在这里进行考察啦!大家还是按照以往的规定开始行动吧!”

达尔文的足迹第一次留在这个小岛上。

火山灰积存的土壤真的是太富有营养了,岛上覆盖着一片片几乎让人无法通行的密林,林中的各种树木伸出手臂直通蓝天。种类之多,可以说是一个庞大的植物园。对这些植物也好，化石也好，达尔文有着天才般超人的记忆力，他会在瞬间把眼前所见如刀子一样刻在自己的心里。然后经过大脑的缜密思维，迅速把它们分门别类地储存在记忆的仓库里，并可以随时调出来使用，一丝一毫也不会出错的。

“贝格尔号”的船员们，包括那个非常开明的舰长先生，也无法懂得为什么达尔文会对一些看起来很普通的植物和动物深感兴趣。但是他们尊重这位科学家的任何选择和要求。他们会静静地等在一边，任时间在他们的脚下悄悄流逝，也不愿意干扰和破坏达尔文先生的探索工作。他们知道，这位先生做事情都是有益的，有用的，知道这些就够了。当然，那个小水兵因为当了达尔文先生的助手，他懂得的东西肯定会比别人多一些，这就是他的运气。

阳光朗朗地照在这个火山岛上，达尔文在静静地观察着岛上的生物，像一个痴迷音乐的发烧友陶醉在一个顶级的交响乐演奏大厅似的，他被眼前的景色迷住了。

你看，这里轻巧的椰子树是任何一种欧洲树木所不能比拟的；还有，香蕉树和芭蕉树也很奇特，简直与伦敦暖房里培养的一模一样。还有那金合欢和罗望子的蓝色叶子你看了不会感到吃惊吗？上帝在制造他们的时候，怎么会赋予它们如此神奇的色彩呢？

达尔文像是自言自语，又像是对小水兵解释和上课似的。他的脸上洋溢着孩子一样的兴奋。

是的,这种自然之美,是人类所不能创造的,无论是语言描写,还是用画笔彩绘,都不可能有这样的效果。温室里的植物因为人为的条件,也会长出很奇特的样子,但是在大自然面前,人类所有的努力真是太逊色了,不值得一提。如果不是乘坐着“贝格尔号”来到这个火山岛上,我们无论如何是看不到这种世界奇观的。

“小水兵,我们就是地球上最幸运的人呀!”达尔文不禁大声喊了出来。

“贝格尔号”虽然远离大陆,像一片树叶似地在大海里漂荡着,但是这只船是有方向的,有目标的,它严格地按照罗盘定的方位前进着。只不过,它会随时停靠在一些路过的岛屿上,因为这条船的一个重要的任务是为了达尔文的科学考察。

实际上,人类的文明表现在能够较高级地掌握和控制自己的行为,而不是像这些荒岛上的动物那样,对历史和未来从来不会留下思考的痕迹。转眼几天,4 月 1 日来到了。“贝格尔号”上记忆力好的人似乎都是在这个早晨突然想起了,哦,今天是愚人节,如果不在今天搞点恶作剧什么的,那简直是太没有意思了。船上的人可以说都是年轻人,年轻人在一起离不开打闹。在 1 号的午夜时分,就有几个淘小子开始把所有穿着睡衣的人从船舱叫到了甲板上。

“喂,伙计们,你们中间有没有木匠,咱们船上的炉子坏了。你们看,船的桅杆快要断了,需要几个人爬到上面修理一下哟!”

“怎么搞的,半夜时分就发生了这样的事情,为什么舰长不来下命令?”

“别再耽搁了,就是舰长让大家起来干活的。”

“哦,那咱们还等什么,赶紧抄家伙,该干什么就干什吧!”

几个傻乎乎的家伙刚要动手行动的时候,一阵哈哈的大笑声,让所有人感到特别开心。“哎!傻哥们,你们真的是太实诚了,忘了今天是什么日子了吗?看看你们的表现吧,现在的时间已经是4月1日喽!”

“4月1日怎么了?哦,今天是愚人节!对,今天这个节日是可以开任何玩笑的哟!”这是一个让贝格尔号船员们特别欢乐的时刻。大家笑着闹着,这时,不知是谁喊了一声,“大家静一下,我有一个想法,你们看行不行?”

“什么想法?”

“光咱们几个哥们闹没有意思,敢不敢愚弄一下我们的随船的那个科学家达尔文?”

这个小伙子的话刚出口,就迎来了应战的答复:“敢,别看他是一个大学生,知识分子,是出海搞科学研究来的,没有咱们大伙的帮助,他能搞成什么呢。愚人节,咱们也不能忘了这个主角,得和他演一出大戏!”

几个淘气鬼凑在一起商量起来,对,必须找一个达尔文最感兴趣的事,让他好好地上一当,咱们过愚人节,这个节日的质量得有保证。年轻人,个个都很聪明,主意很快就想出来了。

东方泛起了鱼肚白，天上的星星渐渐地隐去了。“贝格尔号”平稳地行驶在大海上，海面没有风，也没有雾，能清晰地看见很远的地方。一个水手跑到了达尔文的房间里，轻轻地摇晃着他睡觉的吊床，“达尔文先生，你快起来吧，有一个重大的发现，是科学方面的，你快来看看吧！”

那一刻，达尔文正在睡梦中，梦中的他正挽着表妹埃玛的手臂在树林里散步呢，边走边聊的埃玛不知从哪儿又变出来一盒奶酪，递到了达尔文的面前。就在达尔文张开大嘴要吃奶酪的时候，他被“贝格尔号”上的水兵弄醒了，奶酪不见了，埃玛也没了踪影。

“你们——，我的奶酪，我的埃玛——”达尔文表现得不高兴了。

“先生，有重大发现，难道你不想知道吗？”

“什么重大发现？”达尔文揉了揉自己的眼睛，从梦中懒懒地走了出来。

“你不是一直想看一种叫逆戟鲸的那种鲸鱼吗？对，你说过鲸鱼不是鱼，是一种动物，这个动物现在出现啦！”这个水兵真是太会演戏了，他边说边比画着，“哎呀，那个逆戟鲸有那么那么大，身子有那么那么长，喷出来的水雾，足有三层楼那么高呀……”

“是吗？你们都看见啦？真是太神奇啦！”达尔文惊喜地赶紧跳下吊床，连衣服都顾不上穿，就三步并作两步地朝甲板上跑。“快，快，告诉我那个动物在哪里，我现在就要看！快点，快点！”

达尔文跑到了甲板上，四处寻找着。甲板上早已站好了一队队的船员，他们看到了达尔文被大家愚弄的样子，一个个笑得都直不起腰来，“那个逆戟鲸呀，是我们虚构编造的。你知道在哪儿吧，在4月1日我们的幻想里呢！”

听大家这么一说，达尔文才恍然大悟，原来是船员给自己开了一个愚人节的玩笑。他也哈哈大笑起来，毕竟船员们把自己当成了朋友，是朋友才有资格得到这样的“愚弄”呢。

“哼，没看到逆戟鲸不算，我刚要到手的奶酪也吃不到了。”达尔文自嘲地笑了笑，亲昵地拍着愚弄自己的水兵，“你得赔我的奶酪哟！”

这回轮到开玩笑的水兵糊涂了，“怎么回事，我还欠你的奶酪？”

“对呀，奶酪在哪儿，在今天——4月1日的幻想里呢！”

哈，这是达尔文在继续编织愚人节的笑话呢。

阅读思考

① 愚人节那天，船员们善意地和达尔文开了个玩笑，他是怎么回应的？

② 为什么大家都愿意帮助达尔文搞研究？

第十五章　思索在太平洋岛国

达尔文乘着“贝格尔号”进行环球旅行，路过的并不都是在荒岛海湾。

1835年10月，他们越过了大西洋，驶向了太平洋。12月9日，他们踏上了新西兰的国土。一百多年前的新西兰，一直是英国的殖民地。达尔文来到这个国家后，得到了英国领事布希贝的热情接待，他表示要找一位熟悉新西兰的当地人来陪同他考察。

当地人见到达尔文后也是热情有加，招呼道：“哦，远来的朋友，欢迎你来到美丽的新西兰，如果能为你做些什么，我会感到非常荣幸。”一番寒暄过后，当

地人开始谈到了具体的行程安排:“是打算吃点当地的土特产呢,还是看一些毛利人的演出?”当地人显然是以为这位旅行家远涉重洋,是来观光旅游,他需要的是吃喝玩乐方面的服务呢。他热情地拉着一串长长的活动单子,里面的内容当然都与吃喝有关喽。

“呵呵,谢谢您啦,先生,您先把这些单子收起来吧。”达尔文笑着拍了拍当地人的肩膀。

“咦?这么多的服务项目,您仍不满意?”当地人用疑惑的眼睛瞅着达尔文。

“坦率地说,您的这些内容对我来说毫无兴趣。”达尔文边说边摇着头。

“您对什么感兴趣呢?”

“哦,没来新西兰之前,我早就想好了,这里可是有着太多我感兴趣的东西了。”

“是吗,快说给我听听。”

“新西兰的火山是很多的,我一定要亲自去看看,看看火山土壤的颜色,是不是适合植物的生长,还要看看有一种蕨类植物在火山周围生长的状态如何。我十分想看看在这片土地上的各种植物,很多年前,法国人和英国人都曾运来许多来自欧洲的植物,我要看看经过这么多年后,他们生长成什么样子了?”

达尔文还在喋喋不休地说着:“对了,如果你能帮我找到生物化石,那是最好不过的享受了。动物的,植物的,或者那些贝壳之类的化石都对我有着无比的吸引力……”

当地人听了达尔文的话,终于明白了他接待的这个英国人真的是一位怪人，他说："先生您说的这些，虽然我不懂，但我会尽全力为您效劳的，请放心好了。"

达尔文在新西兰的考察果然收获很大。

告别新西兰，"贝格尔号"于1836年1月12日来到了澳大利亚。他们是在悉尼靠岸抛锚的。当时的悉尼已经是一个很发达的城市了，城里有许多两三层高的楼房，商店和各种店铺星罗棋布。船员们好久没有在城市里生活了，从"贝格尔号"下来后，如同久在屋中关闭的蝴蝶看见了一片花丛，早就按捺不住一个个激动的心情，纷纷跑出去寻找自己的欢乐了。

只有达尔文带着他的助手，走的是另一条路。

那是一条通向郊区的石子路，随行的当地人告诉他，这条路是当年那些放逐到澳大利亚的苦役犯们修筑的，路周围的风景很单调，只有一些稀疏的树林和绿草。但这里却是达尔文梦萦情绕的一块土地。他早就通过有关资料了解到，在澳大利亚的这片土地上，由于外来人种的入侵，使当地的土著人发生了重大变化。此次前来，他要利用一切机会来进行第一手的调查。

达尔文通过当地人的联系，找来了20来个澳大利亚的土著人，和他们聊着天，赠送给他们小礼物，热情地和他们谈着大家感兴趣的故事。达尔文果然有这样的本领，他用很短的时间，就可以让对方消除对他的怀疑和敌意，以朋友的方式互相交流。

因为成了朋友，心情都放松了。

"来来，我们都给你露一手吧！"

澳大利亚的土著人为了让朋友开心，向他展示了极其精湛的投掷镖枪和技艺。他们简直是天才呀,一个个手持着镖枪,助跑几步,然后用力一掷,就会准确地扎在距离五六十米远的一棵大树上,像用枪上的准星瞄得一样精确。达尔文想到前不久,他曾在火地岛上也与火地岛人进行过交流。澳大利亚的土著人无论是从文化水平还是聪敏的程度方面,都要比火地岛人高出一筹。这些澳大利亚的土著人目前是怎么样的生存状态呢?

经过了解,达尔文知道了。他们不种地,也不盖房子,也不牧羊。这种居无定所,没有固定职业和收入的生活方式,已经严重地影响了土著人的发展。

欧洲人作为一个外来的人种给这个岛国输入了什么呢?达尔文在认真地思索着分析着。欧洲人进入,把酒类带来了,也把许多疾病带来了。很多当地人赖以生存的野生动物在欧洲人进入后,被大量地捕杀,许多动物已经接近灭绝了。这就是殖民地文化给新西兰和澳大利亚带来的后果。

澳大利亚土著人的数量也在急剧减少。有些病,如麻疹,过去在澳大利亚从来就没有发生过。是欧洲人的进入让麻疹成了澳大利亚土著人的杀手,这样的疾病甚至会在一个很短的时间内,让土著人成百上千地死去。

晚上,达尔文在自己的旅行日记中,写下了这样的话:"只要欧洲人一到那里,死亡就无不立即摧残着当地的居民。"

在澳大利亚的收获是很大的。达尔文在这里发现,澳大利亚的哺乳动物群不同于世界上其他地方的动物群;但还有一个例外的情况,他在自己的脚下看到了一个圆锥形的深坑。这个深坑是干什么用的呢？

哦，聪明的达尔文很快就明白了，这是一种叫蚁狮的动物设下的典型陷坑。

那一天，达尔文忘掉了吃饭，像一个猎物似的，久久地蹲在那个深坑旁的草丛里，观察着这里发生的事情。

在这里，他观察到了蚁狮的幼虫捕捉苍蝇和蚂蚁的全部过程。你瞧，这些小动物是多么聪明呀。蚁狮的幼虫从陷坑的深处射出一股股沙子，那些细软的沙子像水一样具有强烈的冲刷力，那些无意中掉进陷坑里的苍蝇和蚂蚁等小动物，就被那些流动的沙子冲到了蚁狮的面前，成为了蚁狮的美餐。达尔文在欧洲时，也曾观察过蚁狮们的这种奇特的捕食方式，他这次是越过大洋观察到了同一个物种在两个不同地带的生存方法。澳大利亚和欧洲的蚁狮都会用陷坑的方法捕食，这是动物的本能呢，还是遗传或者是有另外的因素？

阅读思考

① 热情的新西兰人给达尔文介绍了很多好玩的地方，他反而选择了去看新西兰的火山，为什么？

② 读这段文字的时候，你找一张世界地图，或者一个地球仪，试着画出当年达尔文登陆新西兰的路线图，你会有一种亲临现场的感觉。

第十六章　历时五年的环球旅行

航海旅行毕竟是一个充满着风险的行动，谁也不能料到在大海中会发生什么事情。

危险之一就是疾病。船正航行着，不知怎么一种奇怪的“热病”迅速在船员中流行起来，虽然船上带有医生和药品，进行了紧急的医治，但还是有三名水兵被疾病夺去了生命。几天前还和达尔文一起开着愚人节玩笑的伙伴，就这样悄悄地离开了大家，按照当时英国海上的风俗，死人被抛进大海，进行了海葬。那一刻，达尔文的心沉痛极了，他们几乎都是同龄的年轻人，谁能想到此次出行，却成了这几位朋友的不归之途。

舰长开始做大家的思想工作，调整着船员的情绪，并鼓励着达尔文把科学研究坚持下去。

达尔文意识到，自己的每一个科学研究成果，其实都凝聚着大家的心血和关爱，从此他又感到自己多了一分动力，科研不是自己一个人的事，他要为"贝格尔号"，为英国，也为人类探索前人没有走过的道路。

达尔文在自己的旅行日记中，清晰地记录着这次环球旅行的足迹。

7月26日，"贝格尔号"停泊在蒙得维的亚海湾。按照以往的惯例，只要船一靠岸，他会立即带着工具，领着助手，了解当地的情况，如果能遇到当地的土著人，或许能有语言的交流，那样他的调查工作将会少走许多弯路。

咦？他看见了，这个岛上有一望无际的绿色草原，草原上有着一群群的牛羊，凭着经验判断，达尔文确定这些牛羊不像是野生的，而是由人来放养的。果然，经过一番努力，达尔文找到了这个岛上的居民，他们属于高楚人。

生活在这个岛屿上的高楚人也是远离世尘的一个特殊的土著人种，他们有自己的语言和生活方式。不过，他们对外来的人类，还没有产生敌意和对抗的举动。当达尔文把从船上带来的一些小礼物送给他们时，高楚人立刻显出了少有的热情。

两种不同文明的人种通过语言加手势的交流，不一会儿功夫,他们就能了解彼此的意思了。人类间的沟通其实并不难。

“这里有什么特殊的动物和植物吗?”达尔文掏出本子开始切入正题。

高楚人理解了达尔文的意思,虽然他还不明白这个来自远方的小伙子为什么会对动植物感兴趣,但出于礼节,他们还是热情地领着达尔文和他的助手去看了许多他们也觉得“奇怪和好奇”的东西。

“你看,这里的鸵鸟就很奇怪,总是由许多雌鸟集体下蛋,下了蛋以后,由雄鸟来孵蛋。雄鸟开始孵蛋后,这些雌鸟又跑到另外一个地方,还是集体下蛋,你看,这个事有意思吗?”高楚人不知道自己说的故事,是不是让客人满意。

“有意思,真是太有意思啦!”达尔文伸出大拇指赞许着。

于是,达尔文和他的助手走进了无边无际的沙漠,开始观察和寻找这些“有意思”的动物了。他们花了好几天的时间,去观看鸵鸟下蛋的情况,达尔文高兴地对那个小水兵助手说:“你看,雌鸵鸟是三天下一个蛋,一次连续下十几个蛋,总共需要一个多月呢。这里的天气很热,隔一个多月,早下的蛋如果不孵化,是不是都该臭了呀,所以动物们根据生存的需要,设计或者改变了它们的生活规律,怎么改变?就像高楚人介绍的,采取集体下蛋的方法,然后叫雄鸟去孵。”

鸵鸟的生命就是用这种方法延续传承下来的。达尔文在日记中又写道:“如果不是亲自到这个岛上来考察,住在城里,住在大学里,是不可能得到第一手真实的材料的。”

9 月 22 日,贝格尔号船来到了一个叫彭塔阿尔塔的地方,这儿仍然是一处海湾。这个地方风景不算美丽,但天气晴朗温和,海面如镜。本来这是一个很平常的小岛屿,达尔文踏上陆地之后,习惯地朝着前面的一处高地走去,他想首先要观察一下这里的地形,看一看岛上岩石的种类,分辨一下它们生成的年代。

这一看,不要紧,达尔文忽然感觉到有了重大的发现。

在岩石中,他发现各种贝壳化石是太平常的事情了。贝壳和鱼类本来就是生活在海里的,它们死后的骨刺和硬壳变成化石是很自然的。让达尔文感到惊奇的是,他在山顶处的一个石灰质的岩石里看到了一个大型动物的头骨化石。这个头骨化石是什么动物的?是马,还是牛?像,又有些不像,到底是什么?他不能马上作出判断,可能是与犀牛类的野生动物差不多。现在这个海湾处的岛屿上早已看不到这种大型动物的踪迹了,那它是什么年代消失的呢?是什么原因让它们消失的呢?达尔文围着这个小岛反复地寻找着问题的答案,当然一时半会是找不到的。

达尔文不顾别人的反对,坚持把他从大海里打捞出来的“发现物”拖回到“贝格尔号”上。之所以把这种东西叫“发现物”,就是因为谁也不知道它们的名字是什么,达尔文自己也说不上来。

船员们都是爱干净的,他们不理解,这位随船考察的科学家为什么要把这些又脏又有气味的东西往船上带。这些东西多是从海底或者岸边弄来的石头,在船员们的眼里,它们既不好看,也不能吃。石头是奇怪的,达尔文更奇怪。

可是这些东西在达尔文的眼里,却是宝贝。

每一块石头,都是经过达尔文认真挑选后才被带到舰上的。这些石头有的是含有小动物的化石,有的是某种大动物变成化石后的一个部分,有的像前肢,有的像后腿,还有的像是什么怪物的头骨。经过风化和海水的侵蚀,有些已经变形了,但达尔文还是能够辨认出其中一些动物的名字。有几块石头上的动物图形很清晰,但它们到底是哪一种动物呢?达尔文绞尽脑汁,也想不出来。

舰长对达尔文说:"亲爱的,我们的房间里已经被你的这些宝贝快塞满了,今天你收获的这几个东西体积实在是太大了,要不,就暂放在外边好吗?你放心,我的'贝格尔号'保证你所有物品的安全。"

达尔文笑了笑,算是答应了吧。

夜深了,达尔文躺在船舱的睡袋上却总是睡不着,他索性披上衣服,又悄悄地走到了甲板上。

"贝格尔号"随着海浪静静地在大海里行驶着,像一个孤独的游人漫步在无边的荒漠。月亮从远方升起来了,仿佛来陪伴这个思考着生命起源的年轻人。整个世界都进入了梦乡,而此刻的达尔文的头脑却异常兴奋。

他久久地站在甲板上那块巨大的动物化石面前,看着如水的月光在那块巨大化石的缝隙中流淌。忽然,达尔文自言自语地说:"可以断定,这是远古的一种体积很大的动物,现在已经灭绝了。"

可是,这个物种为什么会灭绝呢?必须要找出一个理由出来。

达尔文这时想起了,他在大学课堂上,老师讲过的《圣经》,哦,圣经上对动物的生存状况是有一种解释的。说是几千年前,上帝为了惩罚这个充满邪恶的世界,才制造了一场大洪水,只有留在诺亚方舟上的动物才得以救助和生存下来。

可能是因为这个诺亚方舟的空间有限,这些大动物没有上得船来,才没有将生命延续下来?达尔文摇了摇头,自己嘿嘿地笑了起来。

作为一个童话般的故事,圣经的解释还可以接受,但是从科学的原理分析,物种的起源与消亡不会这么简单。它们的进化与发展也必然受到某种因素的限制,如果没有限制,完全自由,那么世界上的物种可能多得地球都装不下了。

月亮的身影不知什么时候也悄悄地消失了。东方泛起了鱼肚白,大海正在孕育着一颗新的太阳。

无论如何,肯定发生过某些事情,而且它们始终在起作用。某种因素限制了每个物种的种群,达尔文不能肯定这种对生物种群的控制是如何奏效的,但他确信它发生过。并且这种控制过于严格,过于有效,因此每一种类的动植物数目就开始下降,变得越来越稀少。达尔文说,这就可以很容易地推论出下一步发展趋势:一个稀有的物种可能会轻易地灭绝。古代的怪兽是否也发生了类似情况呢?

从逻辑上说这是成立的,而且是合理的。这比洪水的故事更合乎道理,但《圣经》终究是《圣经》……

“贝格尔号”舰载着达尔文途经大西洋、南美洲和太平洋,沿途考察地质、植物和动物。一路上达尔文做了大量的观察笔记,采集了无数的标本运回英国,为他以后的研究提供了第一手的资料。五年后,贝格尔号绕地球一圈回到了英国。

整整五年的时间呀,达尔文为自己积累了一生中最宝贵的第一手材料。沿途,他考察的动物和植物数以万计,收集回来的各种标本,就有17000多个。在这五年的时光里,达尔文从一个22岁的毛头小伙子,变成了一个27岁的成熟但年轻的科学家。在五年的环球考察日子里,达尔文逐渐变成了一个生物进化论者。因为他用大量的实践得来的数据证明了一个简单的道理:所有的物种总是分布在邻近的领域,而地域距离越远,物种的差异也就越大,这,也许就是人们常说的,一方水土养育一方生灵吧。

阅读思考

① 达尔文不管走到哪里,都带着发现的眼光,带着问题的大脑和探索的精神,你从中学到了哪些?

② 阅读达尔文传,你会有多方面的收获,其中很重要的一点就是,他给自己的人生目标作了一个大胆的设计。你呢?

第十七章　婚姻:幸福的悲剧

达尔文乘坐着“贝格尔号”回到英国的日子是1836年的10月。

整整离家五年了。他看到自己的老父亲比以前更加衰老了,父亲拥抱着远行归来的儿子,老泪纵横。五年的时光,这位老人掰着手指计算着儿子的行程,总算把儿子平安地盼回来了。

家里的几个晚辈中的孩子听说达尔文环球回来了,也纷纷上前围住他,翻着他的行李,以为能找到什么好吃的东西。

“哟,这个皮包里都是什么东西呀?怎么都是石头?”

“嗯,这可不是一般的石头,那是动物的化石。”达尔文笑着解释着。

“化石?这东西有什么用?也不能吃!”

“嘿,这些化石可是宝贝呀,它们的年龄上亿年都不止呀,够我研究一辈子的了。”

达尔文在山顶处的一个石灰质的岩石里看到了一个大型动物的头骨的化石（化石里面的头像，像马又像牛）。他把这块巨大的化石拖回到“贝格尔号”舰的甲板上。船员们既气愤又好笑，他们抱怨达尔文把原本整洁的船舱弄得一片狼藉。然而达尔文却沉浸在对这一大堆珍贵生物化石的思考之中，思考这些巨大的动物为什么会灭绝呢？又是怎样灭绝的呢？

名家名言

我从来不认为半小时是微不足道的。我的生活过得像钟表的机器那样有规则，当我的生命告终时，我就会停在一处不动了。

名家名言

寿命的缩短与思想的虚耗成正比。

孩子们翻来找去,达尔文带回来的不是书本,就是日记还有几大箱子的植物和动物的标本和化石。孩子们失望了,觉得达尔文这个大人是个怪人。没说几句话,就一溜烟地跑出去玩了。

达尔文的大哥、二姐还有舅舅,都来看望从环球旅行归来的亲人。达尔文看见了埃玛,五年的时间,他不止一次地在梦中与他的这位表妹相聚,有着说不完的贴心话。可是今天两人一见,却都默默无语,只是用眼睛来诉说着无声的问候。是呀,五年有1500多个日日夜夜,海风把达尔文的脸吹得消瘦了,长年在海上生活,让这个原本漂亮的小帅哥的年龄要比实际上更老一些。

埃玛细细地端详着眼前的亲人,他简直像变了一个人,出海前那原来满月一样的面孔,瘦成了刀条状,颧骨都突出来了,在那张脸上,唯一醒目的就是他那双凄然的大眼睛了。

而达尔文看来,埃玛却成熟了,苗条的身材处处散发着青春的气息,一双会说话的眼睛像秋水一样迷人。

从旅行回来的达尔文一方面抓紧时间整理着手里的各种材料,研究和分析着带回来的大量标本,一方面惦记着埃玛。

这中间,他的工作是忙碌的,也有许多亲人和朋友和他提亲,毕竟达尔文这时已经是二十七八岁的人了,早就到了谈婚论嫁的年龄。达尔文的许多同学和朋友早已经为人父或为人母了。

达尔文的脑子里摆脱不了埃玛的影子。可是不知为什

么,他不敢当众表达自己的渴望心情,于是他偷偷地给埃玛写了一封信:

> 看到你的美丽,我难以入眠,你的美丽是属于世界的,更是属于我的。想到这里,我觉得任何人任何时候也没有像我这样幸福,或者说像你那样善良。为了你,我发誓要成为一个非常好的人,以便能够配得上你。亲爱的埃玛,我怀着无比期待的心情,来吻你的双手,这种盼望让我对未来产生了最美好的想象,愿我们的好梦成真吧。

信寄出去了,可是达尔文还是心急如焚。在大海中五年的时间,他都能五年如一日地度过来了,可是自己发出的这封求爱信,刚刚寄走,却让他如卧针毡,他必须要马上见到自己心爱的人,一分钟也不能耽搁了。

不能再等了,是的,再也不能等了。世界上也不可能再选到比埃玛更合适的伴侣了。达尔文一路小跑着赶到了埃玛的家里。

历史铭记着,这是1838年11月11日,达尔文正式向埃玛求婚,他用英国式的礼节,一条腿跪在地上,双手把一束玫瑰花举在头顶:亲爱的埃玛,请你嫁给我吧!我真的想有一个属于自己的家,我们不要再去选择了,世界上没有比我们俩人在一起更适合的了。亲爱的,相信我吧,我会给你幸福的。

多年的等待,埃玛终于听到了这句话。她默默地点了点头,泪水像珠子一样从她的脸上滴落下来,无声地落在了地上。五年的岁月,她和达尔文被一座大海相隔,他去研究生物科学去了。而如今,从环球旅行航程归来的他要把一生交给自己。埃玛悄悄地对自己说,要支持他的研究,自己必须是他事业上的助手呀。

埃玛没有用语言表白,而是悄悄地走到了钢琴旁,她把琴盖掀开,把两只手放在了那黑白相间的键盘上。

一串美丽的旋律在埃玛的琴键上流淌出来。埃玛的两只小手,像两只小鸟儿一样在键盘上跳跃着,音符飞舞,像风儿吹着海浪,像雨点敲打着树叶,像蜜蜂在花丛中歌唱。

达尔文听出来了,埃玛演奏的这首钢琴曲,是著名的音乐家贝多芬的《献给爱丽丝》,这是一首拨动爱情心弦的乐曲呀。

达尔文一下子把埃玛搂在了怀里。

1839年1月29日,风和日丽,天高云淡,达尔文和埃玛手拉着手走进了梅庄教堂。

管风琴的音乐响在天空，一身白纱的埃玛与穿着燕尾服的达尔文，站在牧师的面前表达着对爱情的忠贞与信念。牧师的手轻轻抚着《圣经》，向两位新人表示着美好的祝福。

那一日，白云下有一群鸽子在飞翔，它们把管风琴演奏的《婚礼进行曲》的音符衔起来，快乐地舞动着翅膀，把幸福的声音传递给每一个人。

必须指出的是，达尔文的婚姻是一场幸福的悲剧。埃玛是他舅舅家的孩子，他们是表兄妹的关系，他们的结合就是近亲结婚。这样的事情发生在一个后来成为世界级的大科学家身上，一个以进化论为旗帜的学者身上，不能不说是一个极具讽刺意义的事件。

一本由英国人写的达尔文的传记中，对这位科学家的婚姻有过如下的描写：

达尔文是英国伟大的自然科学家，他创立的生物进化论是19世纪自然科学三大发现之一。遗憾的是，发现真理和发现者家庭的悲剧却重叠在了一起。埃玛是达尔文舅舅齐赛亚的小女儿，她聪明、美丽、温柔。达尔文16岁那年到梅庄乔赛亚舅舅家过暑假，开始了两人间纯洁、珍贵的友谊，达尔文结束了艰苦的环球考察后的第三年，同埃玛结成了伉俪。婚后，达尔文夫妻之间互敬互爱，埃玛为丈夫的事业献出了自己的一切。但是，由于他们是表兄妹结婚，这就给家庭埋下了悲剧的种子。

据有关这位科学家的传记文献记载，达尔文结婚后，和埃玛一共生了10个孩子。其中,长女安娜·伊丽莎白,次女玛丽·埃莉诺和最小的儿子查理·弗林均幼年夭折。尽管其他7个孩子有幸长大,但是都患有这样或那样的疾病。他的二儿子乔治、三儿子弗朗西斯、五儿子霍勒斯后来都成了著名的科学家,但是他们兄弟三人和终生未嫁的四女儿伊丽莎白均患有不同程度的精神病。乔治特别喜欢谈论别人的病痛,弗朗西斯被达尔文称为“忧郁的小伙子”,霍勒斯总说自己有病,伊丽莎白多疑,有时用装病来引起父母的同情。其他三个孩子:长子威廉、三女儿亨利埃塔和四儿子伦纳德,尽管没有明显的精神病症状,但是他们婚后却都没有留下后代。

有必要提及的是,后来有人专门研究了达尔文的家庭,发现达尔文的祖父和叔父都长期患有医生无法诊断的“神秘疾病”,到了达尔文这一代也有十分明显的病态迹象,达尔文自己从中年起便得了一种折磨他后半生的“精神抑郁症”。由于近亲结婚,这种“精神抑郁症”终于可怕地在他的后代中保留下来。

还有一种说法,也把它记录如下,供读者参考吧。

在达尔文同埃玛热恋的年代,人们已经根据经验模糊地认识到近亲结婚的危害性,但是这两个年轻人的感情代替了理智,终于酿成了这场家庭悲剧。

达尔文在晚年时曾写过一本名为《兰花的传粉》的书,他在这本书中明确指出:自然厌恶近亲授精,人类的繁衍也是如此。可惜他真正认识到这一点为时已晚!

阅读思考

① 达尔文回到家后，孩子们发现他带回来的尽是“石头”，这些“石头”能干什么？

② 达尔文在科学理论的创建上是成功的，但他的婚姻竟然是一个家庭悲剧。读了这个故事，你有什么感慨？

第十八章　为了一个重大理论的诞生

进化论是达尔文对这个世界做出的最大贡献。

当达尔文踏上“贝格尔号”的时候，虽然他对生物科学有着深厚的兴趣，但从严格意义说，他还是个言必称《圣经》的神学毕业生、正统的基督教徒，他的虔诚曾经常常被海员们取笑。

是五年的环球旅行，彻底改变了达尔文的一生，或者说改变了他的世界观。当他告别“贝格尔号”返回英格兰后，他认为《旧约》不过是一部“很显然是虚假的世界史”，其可靠性并不比印度教的圣书高。27 岁时的达尔文，已经完全抛弃了基督教信仰，并逐渐成为不相信上帝存在的怀疑论者或理性主义者，而其出发点，就是对“一切生物都是由上帝创造”的信条的怀疑。

在环球航行时，有三组事实使得达尔文无法接受神创论

的说教:

第一,生物种类的连续性。他在南美洲挖到了一些已灭绝的犰狳的化石,与当地仍存活的犰狳的骨架几乎一样,但是要大得多。在他看来,这可以认为现今的犰狳就是由这种已灭绝的大犰狳进化来的。

第二,地方特有物种的存在。当他穿越南美大草原时,他注意到某种鸵鸟逐渐被另一种不同的,然而很相似的鸵鸟所取代。每个地区有着既不同又相似的特有物种,与其说这是上帝分别创造的结果,不如说是相同的祖先在处于地理隔绝状态分别进化的结果。

第三,来自海洋岛屿的证据。他比较了非洲佛得角群岛和南美加拉帕格斯群岛上的生物类群。这两个群岛的地理环境相似,如果生物是上帝创造出来的,在相似的地理环境下应该创造出相似的生物类群才是合理的,但是这两个群岛的生物类群却差别很大。事实上,佛得角群岛的生物类群更接近它附近的非洲大陆,显然,应该认为岛上的生物来自非洲大陆并逐渐发生了变化。这个进化过程在加拉帕格斯群岛上更加明显。达尔文发现,组成这个群岛的各个小岛虽然环境相似,却各有自己独特的海龟、蜥蜴和雀类。没有任何理由认为上帝故意在一个小岛上创造这些独特的物种,更合理地,应该认为这些特有物种都是同一祖先在地理隔绝条件下进化形成的。

进化论,进化论,进化论!这个词汇经过整整五年的孕育终于在达尔文思考的大脑里有了胚胎状的形态。

1837 年,在"贝格尔号"之行结束一年后,达尔文开始秘密地研究进化论。他的第一本笔记,是家养和自然环境下动植物的变异。他研究了所有可能到手的资料:个人观察和实验、别人的论文、与国内外生物学家的通信、与园丁和饲养员的对话等,他很快得出结论,家养动植物的变异是人工精心选择造成的。但是自然环境下的变异又是怎么来的呢?他仍然不清楚。

达尔文的思考并不是孤立的,他需要世界上各种智者的理论支持,人类的智慧或者说是文明的结晶,就在于可以把前人的研究成果为我所用。如牛顿所言,站在巨人的肩膀上来观察世界。

环球旅行一年之后,他在一次偶然的机会里,读到了一位叫马尔萨斯的人写的一本书《人口论》。这本书一下子吸引了达尔文的眼球,许多困惑他多年的问题,仿佛一下子让他看到了希望。用茅塞顿开形容也不过分。

马尔萨斯在这本书中提到,人口的增长必然快于生活资料的增长,因此必然导致贫困和对生活资料的争夺。

达尔文突然意识到,马尔萨斯的理论也可以应用于生物界。所有生物的繁殖速度都是以指数增长的,后代数目相当惊人,但是一个生物群的数目却相对稳定,这说明生物的后代只有少数能够存活,必然存在着争夺资源的生存竞争。

达尔文进一步推导:任何物种的个体都各不相同,都存在着变异,这些变异可能是中性的,也可能会影响生存能力,导致个体的生存能力有强有弱。在生存竞争中,生存能力强的个体能产生较多的后代,种族得以繁衍,其遗传性状在数量上逐渐取得了优势,而生存能力弱的个体则逐渐被淘汰,即所谓"适者生存",其结果是,生物物种因适应环境而逐渐发生了变化。达尔文把这个过程称为自然选择。

生物之间存在着生存斗争,适应者生存下来,不适者则被淘汰,这就是自然的选择。生物正是通过遗传、变异和自然选择,从低级到高级,从简单到复杂,种类由少到多地进化着、发展着。以上三点,就是我们常听到的"物竞天择,适者生存",现代基因学的诞生为此提供了重要的证据,事实上,物竞天择,竞的是"基因"。

这就是进化论的一个最基本观点。

因此,在达尔文看来,长颈鹿的由来,并不是用进废退的结果,而是因为长颈鹿的祖先当中本来就有长脖子的变异,在环境发生变化、食物稀少时,脖子长的因为能够吃到树高处的叶子而有了生存优势,一代又一代选择的结果,使得长脖子的性状在群体中扩散开来,进而产生了长颈鹿这个新的物种。

虽然达尔文在读了《人口论》之后有了灵感,马上也就有了自然选择的想法,但是又过了四年,在收集了大量的资料之后,他才开始把这个理论记录下来,并把手稿送给一些朋友征求意见。他太清楚一旦自己的理论发表将会对社会产生怎样的震撼,而作为一个天性平和的人,这是他想要尽力避免的,因此他留下了一份遗嘱,他的有关进化论的手稿只能在他死后发表。

是的,如果是在20出头的年龄,达尔文或许会带着他的论文到公众场合宣读。可是,成年后的达尔文的思考变得复杂起来了。

他心里很清楚:对进化论的假设有着很大阻力的是什么?就是《圣经·旧约》创世纪的说法。创世纪上说,地球上所有的主物都是上帝在同一时期内创造出来的。对信仰上帝的人而言,这种由微生物进化到温血动物,及羚羊长年伸长脖子而变成长颈鹿等说法,简直是荒谬之极。

要知道,在达尔文生活的年代,《圣经》的教条就是科学。例如,17世纪的爱尔兰大主教亚夏就依据《旧约》中所述的先后事件,而推断地球是在西元前4004年的10月26日早上9点诞生的。换言之,地球的年龄大约只有六千岁。

阅读思考

① 在环球航行时,哪些事实使得达尔文无法接受神创论的说教?

② 达尔文从什么中得到了启发,有了"自然选择"的想法?

第十九章 《物种起源》的问世

你想知道达尔文一生中，最光辉的年代是哪一年吗？

是1859年。这一年，他出版了影响世界的著作《物种起源》。

1859年的达尔文正好50岁，这个年龄用中国哲人孔子的话形容，叫知天命。恰是这个年龄，达尔文向世界展现了他的全部智慧结晶。50岁的达尔文身宽体胖，充满了生命活力，在撰写《物种起源》这本书的时候，他常常连续作战，一写就是十几个小时，却不觉疲劳。

"你还是休息一下，把这碟奶酪吃了后再写，好吗？"埃玛经常悄悄地来到他的写字台前，不是送咖啡就是端糕点。她最关心的是丈夫的身体。

"谢谢你，亲爱的，我真的一点也不累。写作对我来说，真是一件十分愉快的事情呀！"

"哦,那我再给你弹一段钢琴吧,你想听什么曲子呢?"埃玛问。

"亲爱的,你再为我弹一曲《献给爱丽丝》吧,好吗?"

优美的钢琴曲又响起来了,在音符飞舞的天地里,达尔文拿起鹅毛笔,又开始在稿纸上让思绪飞翔。

达尔文思索进化论的过程,是一个漫长的阶段,从1831年他随着"贝格尔号"舰出海环球旅行,到完成这本名为《物种起源》的巨著,中间至少经历了20多年。

一个新理论的诞生,需要大量的实践,更需要科学界的支持。为了写好《物种起源》,达尔文阅读了很多新出版的有关生物学的著作。经过长期的思考、分析、学习和研究之后,在1842年,他写出一份长达35页的进化理论的初稿。

在这个初稿中,他介绍了生物进化论的一些基本观点。但是达尔文并不认为自己的理论是成熟的,他不想把一个自己还不满意的作品面世发表。写完后的文章他就锁进了抽屉里,他想不断地进行完善和加工,还需要继续收集补充新的证据,他懂得在科学上只有事实才有发言权。

后来到了1844年,达尔文把这篇初稿又拿出来重新修改,写成了第二稿。写好之后,达尔文反复看了看,又觉得还是有些火候不够。差点什么呢?他想起了一个叫赖尔的老朋友,也是一位很有成就的生物学家,对,就找他,让他帮着把把关吧。

赖尔读了达尔文的这部书稿后,连连称道,真的是一本奇书呀,他建议达尔文将这本书略加修改后,应该立刻发表。

如果不能将全书发表,也要发表其中的主要观点和概要。为什么呢?这就是要抢先取得理论上的优先权。赖尔告诉达尔文,当时的英国就有许多生物学家都在进行着探求生命科学的课题,别的国家的科学家是不是现在也在研究这方面的课题呢,都说不好。如果让别的科学家抢先发表类似的理论文章,你达尔文的劳动岂不是白费了?

面对着朋友的忠告,达尔文并没有表现出着急的样子,是的,这些成果融入了他一生的心血。可是《物种起源》的论文一旦发表,肯定会在科学界甚至社会上引起一起地震般的轰动。为什么?因为生物进化理论与当时社会上的神学、上帝创造人类的固有理论是完全相悖的。他也许会因为这一理论,一下子成为政权和宗教的敌人,会有人端着枪开始向他瞄准进攻的。

所以,达尔文要留遗嘱,待自己身后再发表这些论文。

后来,事情又有了转机。

说这话时,又过了许多年。那是在 1858 年夏天,达尔文突然收到了一名叫华莱士的人的信,迫使他不得不在生前发表自然选择理论。

华莱士是谁?华莱士是一个年轻的生物地理学家,当时正在马来群岛考察。有句成语叫"英雄所见略同",华莱士跟达尔文一样,也是一个积极的敢于思考不怕权威的科学家。他所观察到的生物的地理分布特点也促使他思考生物进化的问题。巧的是,那一年的 2 月,他生了一场间歇热,在病中突然想到了马尔萨斯的《人口论》,也和达尔文一样,这本书打开了他的一扇天窗,让他也因此独立地发现了自然选择理论。

和达尔文不一样的是,他出身贫寒,又极其反对基督教,没有达尔文作为上层社会人士的种种顾虑,因此以一股初生牛犊不怕虎的劲头,用三个晚上写成了一篇论证自然选择的论文,寄给达尔文征求意见。他并不知道达尔文此时已研究了20年的进化论,之所以会找上达尔文,完全是由于达尔文在生物地理学学界的崇高地位;而这个地位,在达尔文完成"贝格尔号"之航后就确立了。

当达尔文读了华莱士的论文,见到他自己的理论出现在别人的笔下时,其震惊和沮丧可想而知。他的第一个念头,是压下自己的成果,而让华莱士独享殊荣。但是他的朋友,地理学家赖尔和植物学家虎克都早就读过他有关自然选择的手稿。

怎么办呢?怎么办?达尔文又找到他的老朋友赖尔,在他们的建议下,达尔文把自己的手稿压缩成一篇论文,和华莱士的论文同时发表在1859年林耐学会的学报上。这两篇论文并没有引起多大的反响。

也是在赖尔和虎克的催促下,达尔文在同一年发表了凝聚他一生心血的巨著《物种起源》,这才掀起了轩然大波,并征服了科学界。

《物种起源》颠覆了前人对世界、对生命的许多观点,在世界上产生了强烈的轰动。

《物种起源》的出版,在欧洲乃至整个世界都引起了轰动。它沉重地打击了神权统治的根基,从反动教会到封建御用文人都狂怒了。他们群起攻之,诬蔑达尔文的学说“亵渎圣灵”,触犯“君权神授天理”,有失人类尊严。

与此相反,以赫胥黎为代表的进步学者,积极宣传和捍卫达尔文主义。指出:进化论轰开了人们的思想禁锢,启发和教育人们从宗教迷信的束缚下解放出来。我们在下一节中,还会较详细地介绍两种不同观点展开激烈辩论的故事。

庆幸的是,达尔文生活的年代已经不是中世纪了,所以他没有受到布鲁诺的待遇,民众仍然给了他极高的评价,即使是宗教,也表现出了一定的宽容,当然,这与当时宗教权力远不如中世纪有关。

关于进化论的理论,其实是当时众多科学家都在思考的课题,达尔文的功劳是不可磨灭的,但他又何尝不是吸引和容纳了众多智者的才华呢。华莱士这位年轻的生物学家也是值得大家尊敬,应该青史留名的。

有生命界的权威在评价这件事时说,《物种起源》的成功,有达尔文的人格和智慧的光芒,但华莱士同样是一颗璀璨的新星,他与达尔文同享发现自然选择理论的殊荣,他的高尚在于,他主动提出把荣耀归功于达尔文一

1859年，50岁的达尔文仍然充满了生命的活力，为了撰写《物种起源》，他常常连续作战，一写就是十几个小时。旁边的钢琴前坐着他心爱的妻子埃玛，正在为他弹一曲《献给爱丽丝》。优美的钢琴曲响起来了，在音符飞舞的天地里，达尔文拿起鹅毛笔，又开始在稿纸上让思绪飞翔。

名家名言

我能成为一个科学家，最主要的原因是：对科学的爱好；思索问题的无限耐心；在观察和搜集事实上的勤勉；一种创造力和丰富的常识。

名家名言

谈到名声、荣誉、快乐、财富这些东西，如果同友情相比，它们都是尘土……

人,并把自然选择理论称为“达尔文主义”——这个称呼沿用至今。

阅读思考

① 为什么达尔文要立下遗嘱,在自己身后才发表《物种起源》?

② 面对华莱士的同样观点,达尔文是怎样做的?反映了他怎样的胸怀?

第二十章　激烈的辩论开始了

1860年的春天，在达尔文的《物种起源》出版不到两个月的时间，一场关于生命起源的辩论会开始了。

地点是在伦敦市里的牛津大会堂。

本来就是一个学术会议，就是有一个叫达尔文的人写了一本书，这个人曾参加过环球旅行，曾自己做过大量的调查和研究，他把自己的理论用“进化论”概括的一下。书出来了，大家坐在一起讨论分析一下也是很正常的。

可是这个讨论会的空气却异常紧张，你看，会堂里面的面孔一个个非常严肃，四周变得一片寂静，几秒钟之内，几乎没有人咳嗽，没有纸张的沙沙声。穿着长裙的女士们一个个紧靠着挤坐在靠窗的座位上，手中的扇子也停止了扇动。

在这闷热、令人窒息的寂静中，一句话在空中嗡嗡作响。

“啊，亲爱的女士们、先生们，有一种奇谈怪论在弥漫着整个英国，一个叫达尔文的狂徒竟然说人是猴子变来的。

哼,如果他坚持这样的谬论,那么,我们不禁要问一句,究竟是他的父系还是母系一方是从猴子传下来的?”

这个人讲话的开头语刚一结束,立刻就唤起了全场很多人的共鸣,有人在底下发出嘲讽的笑声。接下来,掌声也如潮水般地响了起来。

谁都会听出来,这个人彬彬有礼、有条不紊甚至有些诙谐的讲话,却渗透着诽谤之意。讲话的人,是萨缪尔·威尔伯福思,他是著名的牛津大主教。他的地位不仅在英国,就是在欧洲也是权重德高的。

威尔伯福思自鸣得意地环顾一下四周,他认为自己的发言将把达尔文的理论推翻。

当然,达尔文并不是在孤军作战,他有自己的支持者和伙伴。

赫胥黎,这位权威的博物学家以及达尔文的其他支持者,已经想出了一个恰当的回答。整个大会堂里响起一片要求赫胥黎教授发言的呼声。

还有那位当年举荐达尔文参加“贝格尔号”环球旅行的伯乐亨斯洛先生,也来到了会场。亨斯洛教授坐在椅子上向赫胥黎点了点头:“不怕他们,站起来,亮出自己的观点吧!”

赫胥黎站了出来。他大声地说:“我支持达尔文的观点,而且态度是坚决的。”一语既出,四座皆惊。人们的目光一下被赫胥黎吸引了。

赫胥黎穿着他平时最喜爱的深灰色燕尾服,脸上带着一个学者特有的沉着与镇定。他的两个鬓角边的毛发很长,他的鼻梁高挺着,暗含着一种威严不可侵犯的气质。他的嘴巴一张,仅仅是几个字,就营造出一种无形的气场来,这气场笼罩的不仅仅是辩论会的空间,更有一种横扫千军万马的力量。

有必要介绍一下这位叫赫胥黎的人,如果你对进化论感兴趣,你会在很多资料里看到这个人的名字,应该说他支持了达尔文的进化论,也继承、发展和创新了进化论的观点,后来他曾写过一本叫《天演论》的书,被翻译到世界各地,产生了很大的影响。

赫胥黎从年龄上要比达尔文小,至少小十五六岁吧。他是一位很有才华的科学家,与达尔文在科学研究的方向有许多相同的地方。不同的是,赫胥黎从小就家庭贫穷,不像达尔文家那样富有,所以他学习更刻苦,更有骨气,也从不畏惧权威。在性格上和探索精神上其实他与达尔文一拍即合。在伦敦矿业学院当地质学教授的赫胥黎以前并不熟悉达尔文,也可能是年龄的原因吧。

还是说说达尔文吧。当他的《物种起源》一书出版后,心里总是忐忑不安的,毕竟是逆当时的社会潮流而行,自己提出的这个观点,会在社会上产生什么样的反响呢?他已经做好了心理准备,要接受别人的批评甚至是强烈的批判。但是,他是多么想得到这本书的知音呀,他希望能有人站出来支持他,他太需要来自舆论和专家的相助了。

达尔文首先想到了自己在剑桥大学读书的老师,一个叫塞茨威克的地质教授。"对,就给他写信,他是研究地质物理的,在生物的演变方面肯定能赞同我的观点。"达尔文把自己这部著作精心包装,写了一封充满热情和诚意的信附在里面邮了出去,同时,也寄给了赫胥黎等好几位当时在地质学、生物学方面有影响的专家。

书和信寄出去了,达尔文开始了焦急的等待。

那天,达尔文正在家中吃饭,邮递员在门外喊:"达尔文先生,你的信来了!"

是吗?有人来信啦!达尔文跑了出去,从邮递员手里接到了一封信。一看信皮,达尔文高兴地差点蹦了起来。是他剑桥大学的老师塞茨威克给自己回信了,他一定支持自己当年的学生。激动中的达尔文连饭也不顾吃了。

妻子埃玛心疼地看着丈夫,她一边接过达尔文丢在桌上的饭碗,一边嗔怪地说:"你呀,就盼着这封信呢,是你的老师来的吗?"

"是的,是的,你们都来看,我的老师终于来信支持我了。"达尔文的手激动得有些哆嗦了。

埃玛和孩子们都围了过来。

"快,爸爸,快把这封信给大家读一下吧!"

达尔文的一个女儿心急手快,一把将父亲手里的信抢了过来。大声地给全家人读着:

"……达尔文呀,请原谅我要说一些真话,我读了你的书,真是感到十分失望,我不知道你怎么能写出这种胡言乱语的东西来。你写出一本新书,本应得到我的祝贺,但我的感觉是痛苦多于欢乐。你的这本著作,有相当多的部分,让我觉得是可笑的,还有相当多的部分,让我觉得忧愁……"

孩子读不下去了。时间仿佛在这里定格。期待与结果的落差太大了,气氛变得异常紧张起来,埃玛看到丈夫的脸色由红润变得灰暗起来。她知道上面的这些话,对充满期待的达尔文无疑是一个重磅炸弹,她真的担心丈夫能否承受如此严重的打击。

"怎么能这样?怎么能这样?"

达尔文抬头看看天花板,又低下头来瞅着自己的脚尖,他绝对没有想到,自己的老师会是这样一个态度。这真是太让他出乎意料了。

"我要回房间休息一下,谁也不要打扰我。不要,不要,谁也不要打扰我。"达尔文喃喃地自语着,埃玛赶紧上前来,扶着丈夫朝卧室走去。

整整两天,达尔文除了喝些牛奶,什么东西也不吃。

那几天街上卖的报纸上,连篇累牍发表了许多有关达尔文的文章,多是反对达尔文的观点的,埃玛悄悄地把家里订的报纸收起来,她不想再让丈夫受到更大的打击。

报纸上一些人的文章里对达尔文的进化论给予了猛烈的攻击,有些文章极具嘲讽意味,说"达尔文简直是在搞恶作剧","他这是在欺骗世人"。

更有人把匿名信寄到了达尔文的家里,信中写着"你是英国的敌人"或者"打倒达尔文"之类的话。

怎么办呀?埃玛甚至听到了邮递员送信的呼唤都难以忍受了。她开始莫名其妙地讨厌邮递员了,"你不要再给我们家送信了好不好,我求求你啦!"

但是邮递员的信该送还得送,那是他的工作。就在埃玛训斥邮递员的第二天,又有一封信被送到了达尔文的家里。

"父亲,别看了,还得惹您生气,何必呢!"孩子们要把这封信扔掉。

"别扔,别扔,无非就是骂我解气呗,你藏起来的那些报纸我也翻出来看了,我不会那么软弱的。亲爱的埃玛和孩子们,我想开了,有什么呀,观点不同那是正常的嘛。快把信打开,让我看看。"

这封信,就是赫胥黎写来的。

出乎所有人的意料,信里的大体意思竟是——

亲爱的达尔文先生,我怀里十分的兴趣读完了你的这本著作。我为你的理论感到无比的高兴和骄傲,我愿意站在你的一边,成为一位宣传进化论的战士。我会公开表明自己的观点,并随时在任何一种场合里为保卫你而战斗。哦,我尊敬的师长和朋友,我正在磨砺自己的利爪,像一只猎犬冲在你的面前。我知道,如果面对着激烈的争议亲自出面,可能会面临风险。但是我不怕,我甚至也做好了走进监狱的准备。尊敬的达尔文先生,我会始终站在你的一边,请相信我。尽管你的著作中的一些表述还有待商榷,但我坚信,这将是一本光照世界的名著。

看到赫胥黎的这封信,达尔文的泪水悄悄地流了下来。

现在,我们还是回到前面说到的会场上吧。

赫胥黎果真是有备而来呀,他没有让达尔文失望。

赫胥黎的口才真好,语调虽然不高,但掷地有声,他用充满幽默语气,让整个会场沉浸在一片善意的笑声当中。

赫胥黎很会使用比喻,他微笑着说:“达尔文说人类是猴子变来的,并不是打击在座的朋友们。我和他一样,也是猴子变来的。哦,有些女士对此说法一定非常反感了,其实不必在意。这不影响你们的美丽,如果你们接受这一个观点的话,我要告诉你的是,你们都是美丽漂亮的猴子变来的。”

会场里的笑声又响了起来。接受一种新的观点是需要一个过程的,也是需要时间的,而且,有时这个时间相当漫长。

阅读思考

① 《物种起源》的发表,达尔文遇到的不全是鲜花和笑脸,为什么?

② 在那场著名的辩论中,谁给了达尔文最大的支持?查查这个人的资料。

第二十一章　坚持著书立说

步入老年的达尔文身体一直不好，他和埃玛生下的10个孩子，就像是10个指头一样连着心。可是几个子女相继患病离开人世，老年丧子的痛苦一直折磨着他。

埃玛也被岁月的刻刀在脸上留下了皱纹，她的生活里有着太多的烦恼与无奈，三个孩子不幸早逝，余下的7个孩子都患有这样或那样的疾病，这个残酷的现实，常常让她有一种生不如死的感觉。

“亲爱的，难道这是上帝在惩罚我们吗？为什么我们的孩子会遇到这样的不幸？”埃玛握住达尔文的手，像是自言自语地说着。

看着伴随着自己走过了几十年风雨的妻子，达尔文的眼睛里禁不住流下了泪水。

“亲爱的，你知道我是多么爱你呀，你就是我的太阳，是你让我感受到了生活在这个地球上的快乐。没有你，我简直不知道怎么活下去。可是，作为一个研究生命的科学家，我得向你坦诚地表白，我们的结合肯定是一种错误。因为我们也是动物，基因遗传的学说在我们的结合中彰显出了不可抗拒的规律。如果上帝要惩罚，就让他惩罚我吧。"

"不要再说了，不要再说了。"埃玛上前用手捂住了达尔文的嘴巴。两个人默默地坐了一会儿后，埃玛又把钢琴的琴盖打开了，她要为爱人也为自己再弹一首曲子。

"亲爱的，还是弹贝多芬的那首《献给爱丽丝》吧，我听了一辈子也听不够呀！"达尔文拉着妻子的手说。

优美的琴声又响了起来。

是的，埃玛没有一丝责怪达尔文的表现，从少年时代她给达尔文制作奶酪到如今步入老态龙钟的年龄，她从来没有后悔嫁给这样一位出色的科学家。虽然她不可能从理论上理解到近亲结婚带来的恶果，但她已经感觉到这种结合真的是违背了某种自然的规律。可是一切都晚了。事实已经变成了历史，谁也无法改变。

埃玛能做到的，就是继续支持达尔文进行他的科学研究。

1871年2月，继《物种起源》一书问世之后的12年，另一部凝聚着达尔文心血的著作《人类的起源》出版了。在他的第一部著作问世后，各种争论把达尔文推向了公众的焦点。无论是诽谤还是赞美，达尔文成了媒体追踪的人物。

《人类的起源》一书，与《物种起源》相比较，有共同之处，都是在探索着生命的源头与走向。不同的是，《人类的起源》把关注的焦点集中在了人类身上。第一次出版时印了2500

册，很快就被人们抢购一空。没等到年底，出版商又加印了5000 册，也在很短的时间里卖光了。

和《物种起源》出版后面临的境况相似，对《人类的起源》的评价，什么样的都有。褒贬不一，赞美者如见鲜花绽放，辱骂者视为歪理邪说。

到了这个年龄的达尔文早已是宠辱不惊的长者了。任凭风浪起，稳坐钓鱼台。

他还在不停地写着，只要有时间，他就拿起那只他惯用的鹅毛笔，在稿纸上一趴就是一个下午。

埃玛常常默默地守在他的身边，有时递过一杯热咖啡，有时端上一碟奶酪。达尔文回过头来，只是脸上笑一笑，表示对妻子的谢意。然后他又转过身来，让思想继续在他的创作中迅速地旋转着，一时一刻也不会停留。

《人类的起源》出版后的 1872 年，他的另一部著作《动物和人类感觉的表现》又在这年秋天问世了。这本书一下子印了 7000 册，又在社会上掀起了一场关于生命话题的轩然大波。

《动物和人类感觉的表现》全书共分十四章，融入了大量生动的资料，当然，更重要的是达尔文对这些资料的分析与理论的论述。

比如，达尔文在分析成年人各种感觉的表现形式时，还要同时把儿童、傻子、猴子的行为，有时还有其他动物在相同情绪下的行为拿来进行对照、比较和引证。

达尔文在观察生活方面真是一个非常细心的人，他在这本书里指出,不同种族所具有的感觉是有相同之处的,尽管有时候也有某些例外。

他善于用例子来说话,比如,同样是表达“不可以”这个意思,东西方人有着很大的差异。西方人习惯用耸肩的方式,而东方人则常用摇头。达尔文在这本书中阐述了自己的观点:所有人种都有同样的主要感觉表现形式,也就是说,产生于同一根源。从人类的祖先继承下来的非常古老的表现都有哪些呢?达尔文作出了自己的总结:笑以及在恐惧的时候毛发竖立、颤抖、发呆,属于后来的表现有:哭泣和其他悲伤的表现。

人类是从低级形态开始进化的,所有的人种都有共同的起源。

万变不离其宗,进化论是达尔文永远高扬的一面旗帜。

阅读思考

① 老年的达尔文身体每况愈下,但仍然如老骥伏枥,壮心不已,是什么支撑着他坚持著书立说的?

② 达尔文的《动物和人类感觉的表现》,主要想说明什么?

第二十二章　进化论的巨大影响

《物种起源》的主要理论就是进化论,那么,它是一本怎样的书呢?

《物种起源》是一本并不太厚的科学论著,有着600多页的论点和证据。在倒数第3页中,达尔文在书中这样说,如果他的观点被接受,将会导致一场对自然历史研究的革命,新的研究领域将会被开辟,人们将会获得许多"有关人类的起源和它的历史的新知识"。在这本600多页的书中,达尔文几乎仅此一次提及了人类。他有自己的关于人类起源的明确观点,并且这些观点比他的其他观点更有争议。但他写在《物种起源》附言中的那句话是想表明他还未研究出人类是如何顺应他的理论的。

即使在当时,他也确实不想去愚弄任何人。那么究竟是什么使他写下了原稿为5页的附言呢?"我相信,"在关键性的一段中他写道:“动物至多只有四五个祖先的后裔,而植物的祖先也仅有相同或许更少的数目。”接着,他提出了一个更富有试探性的想法:所有的动植物也许都是从单一的原始种类遗传下来的。那么按照推理,人又怎么样呢?

达尔文的著作于1859年11月24日在伦敦出版。出版时该书全名为《自然选择方式下的物种起源,即生存斗争中有利物种的保存》,这个书名显然是太长了一些,很快就被人们改为现在大家都知道的名字《物种起源》。

在发行的当天,《物种起源》就被英国的书商抢购一空。他们认为他们手中的这本书也许会是一本畅销书。这本书的销售情况远远超出他们的想象,它最初引起的关注主要是在科学界,或者说是生物科学的领域里,老百姓其实并不是都想知道各种生物的物种是怎么起源的,他们更关心市场上的牛羊肉多少钱一磅,还有粮食与咖啡的价格。

《物种起源》发表后,紧接着,达尔文又开始他的第二部巨著《动物和植物在家养下的变异》的写作,他以不可争辩的事实和严谨的科学论断,进一步阐述他的进化论观点,提出物种的变异和遗传、生物的生存斗争和自然选择的重要论点,并很快出版这部巨著。

达尔文自己把《物种起源》称为“一部长篇争辩”,它论证了两个问题:第一,物种是可变的,生物是进化的。当时绝大部分生物学家读了《物种起源》都很快地接受了这个事实,进化论从此取代神创论,成为生物学研究的基石。即使是在当时,有关生物是否进化的辩论,也主要是在生物学家和基督教传道士之间,而不是在生物学界内部进行的。第二,自然选择是生物进化的动力。当时的生物学家对接受这一点犹豫不决,因为自然选择学说在当时存在着三大困难。

第一,缺少过渡型化石。按照自然选择学说,生物进化是一个在环境的选择下,逐渐发生改变的过程,因此在旧种和新种之间,在旧类和新类之间,应该存在过渡形态,而这只能在化石中寻找。在当时已发现的化石标本中,找不到一具可视为过渡型的。达尔文认为这是由于化石记录不完全,并相信进一步的寻找将会发现一些过渡型化石。的确,在《物种起源》发表两年后,从爬行类到鸟类的过渡型始祖鸟出土了,以后各种各样的过渡型化石纷纷被发现,最著名的莫过于从猿到人的猿人化石。在现在被称为过渡型的化石已有上千种,但是与已知的几百万种化石相比,仍然显得非常稀少。这有两方面的原因。一方面,生物化石都是偶然形成的,因此化石记录必然非常不完全;另一方面,按照现在流行的"间断平衡"假说,生物在进化时,往往是在很长时间的稳定之后,在短时间内完成向新种的进化,因此过渡形态更加难以形成化石。

第二,地球的年龄问题。既然自然选择学说认为生物进化是一个逐渐改变的过程,它就需要无比漫长的时间。达尔文认为这个过程至少需要几亿、十几亿年。但是当时物理学界的泰斗威廉·汤姆逊(即开尔文勋爵,一个神创论者)用热力学的方法证明地球只有一亿年的历史,而只有最近的最多两千万年才冷却到能够让生命生存。对于物理学家的挑战,达尔文无法反击,只能说"我确信有一天世界将发现比汤姆逊所计算的还要古老”。我们今天已经知道达尔文是对的，而汤姆逊算错了，现在的地质学界公认地球有40多亿年的历史，而至少在30亿年前生命就已诞生。但是在当时，在地球的年龄问题上，人们显然更倾向于相信物理学权威。

晚年的达尔文，尽管体弱多病，但他以惊人的毅力，顽强地坚持进行科学研究和写作，连续出版了《人类的起源》等很多著作。达尔文本人认为“他一生中主要的乐趣和唯一的事业”是写他的科学著作。还有一些在旅行中直接考察得到的最重要的科学成果，如达尔文本人所写的著名的《考察日记》和《贝格尔号地质学》、《贝格尔号动物学》等。在他的著作中，具有特别重大历史意义的是《物种起源》，它表明达尔文的进化论思想和自然选择理论的逐步发展过程。《物种起源》的出版是一件具有世界意义的大事，因为《物种起源》的出版标志着19世纪绝大多数有学问的人对生物界和人类在生物界中的地位的看法发生了深刻的变化。《物种起源》的出版，引起造化论者和具有目的论情绪的科学家们（而这些人却是占绝大多数）对达尔文学说的猛烈攻击，也引起维护达尔文主义的相应斗争。积极参加这一斗争的除达尔文本人外还有进步的博物学家；他们是达尔文学说的热烈拥护者。

自从达尔文在进化论中阐述“人类是猴子的子孙”后，引起了各方激烈的反驳。

除了前面提到的那些拥护者，还有一位名叫汤姆逊·亨利·哈克斯列的生物学者极力地为进化论辩护，才使达尔文得以不受外界干扰而安静地思考著述。对辩论极端厌恶的达尔文,最后只好专心一意地过研究生活。

他的健康情形虽然不佳,但耐性很强,生活很有规律。每天工作虽然只有一至两个小时,但完成了不少研究。他所做的实验非常简单,并不太依靠仪器,研究时使用的仪器大都只用到放大镜,而很少动用显微镜。

1859 年成为划分科学史前后两个“世界”的界限。《物种起源》的出版使生物学发生了一场革命;这场革命如同马克思主义登上历史舞台一样,意义重大,影响深远。达尔文远离大城市的烦嚣,在他宁静的庄园里准备着一场革命;马克思则在世界嚣嚷的中心也在准备一种革命,差别只在于杠杆是应用于另一点而已。

在举世闻名的《物种起源》一书中,达尔文提出了一个又一个令人震惊的论断:生命只有一个祖先,因为生命都起源于一个原始细胞的开端;生物是从简单到复杂、从低级到高级逐步发展而来的,生物在进化中不断地进行着生存斗争,进行着自然选择……

达尔文的《物种起源》一书成了生物学史上的经典著作。如今,《物种起源》所提及的许多观点已成为人尽皆知的常识。达尔文的生物进化论后来不断地得到发展。20 世纪 40 年代初,英国人霍尔丹和美籍苏联生物学家杜布赞斯基创立了“现代进化论”。

现代进化论者摒弃了达尔文把个体作为生物进化基本单位的说法,他们认为,应当把群体作为进化的基本单位。突变本身是物种的一种适应性,它既是进化的动因,又是进化的结果，自然选择的作用不是通过对优胜个体的挑选，而是以消灭无适应能力的个体这一方式而实现的。现代进化论很好地解释了古典达尔文主义无法解释的许多事实。

在评价《物种起源》这本著作的意义时，人们在150多年的时间里，曾给予它如下的赞誉：一部划时代的著作。它标志着19世纪绝大多数有学问的人对生物界和人类在生物界中的地位的看法发生了深刻的变化。它是一部影响历史进程的经典著作，是震撼世界的10本书之一，是对人类发展进程产生过广泛影响的巨著，影响中国近代社会的经典译作。

1985年，美国《生活》杂志评选它为人类有史以来的最佳图书。

1986年，法国《读书》杂志推荐它为“最理想的一本藏书”。

革命导师马克思曾这样评价：达尔文的《物种起源》非常有意义，这本书可以用来当做历史上的阶级斗争的自然科学根据。

阅读思考

① 科学发展到今天，世界的变化如此之快，在这样的年代讨论达尔文的意义何在？

② 晚年的达尔文还写了哪些重要的著作？

第二十三章　安眠在基督教堂

在达尔文生命旅程中最后10年,他的大部分时间是在唐恩花园的工作中和享受家庭的天伦之乐与饲养喜欢的宠物中度过的。令人奇怪的是他那体弱多病的身体竟开始好转。他毕生的事业已告完成。长期萦绕在他脑海中的这一论题终于得到了明确的论述并著作成文,推向世界。这一论题是解决了,而他还要做自己的事:研究蚯蚓的活动和撰写自传。

1881年11月,达尔文还在房间里整理着自己的文稿,像往常一样,埃玛悄悄地推开房门,手里端着一杯热咖啡。"亲爱的,休息一会儿吧,喝完了咖啡,我再给你弹一段钢琴曲子吧!"如果是平常,埃玛说完了这句话,达尔文会条件反射地回答她说,"亲爱的,谢谢你啦!"

可是,达尔文没有一丝的反应,而是趴在桌子上像睡着了一样。

"先生,你这是怎么啦?"埃玛慌张地将咖啡往桌上一丢,就去用手扶达尔文。达尔文的双眼紧闭,脸上的表情极其痛苦。吓得埃玛赶紧大声叫起来:“快来人呀,快来人呀!”

达尔文被送到了医院里。

他是心脏病犯了。医生在认真地对达尔文进行了全面的身体检查后,对埃玛说:“他身体很是糟糕,为什么不让他早点休息?”

“尊敬的医生先生,作为他的妻子我是有责任的,可是我们无法停止他的工作。”埃玛无可奈何地对医生说。

“他是做什么工作的,已经这么大的年龄了,应该是和孙子们在家里安度晚年的老人了。”医生有些不解地问。

“他叫达尔文,一直在研究物种起源的课题。”

埃玛的话刚说完,医生们震惊了:“你说什么,这个病人就是达尔文。哇!他是一位我们最敬重的科学家,是一个曾经环球旅行寻找第一手资料的生物学家,他的每一本著作出版,都吸引着我们的眼球。哦,这位伟大的科学家一定是累病了的。请尊敬的夫人放心,我们一定会对他给予最好的治疗。”医生紧紧地握着埃玛的手,像表决心似地说着。

医院对达尔文实施了最好的治疗,但达尔文的疾病已经是深入骨髓了。也许是在他22岁时随“贝格尔号”出海的五年里,就埋下了疾病的祸根。五年的时间不算短呀,在大海里航行,从大西洋到太平洋,他一直瞪大了眼睛在寻找着各个物种的资料,却忽视了自己的身体。缺少蔬菜和营养品,长期的漂泊式的生活方式,让他的身体严重透支,他终于倒在了病床上。

达尔文最后的日子里，总是在半昏迷和半清醒的状态中度过的。

他常常说着一些让医生听不懂的话。

“父亲，你不要把那个装着蝌蚪的玻璃瓶子扔掉!”

“大哥，二姐你们是了解我的，我不是个游手好闲不务正业的坏孩子!”

“尊敬的校长先生，求求你了，请不要在全校师生面前批评我好吗?”

“亨斯洛教授，谢谢你推荐我去参加贝格尔号的环球旅行。”

“哇！火地岛，我来啦!”

“亲爱的埃玛，你要照顾好我们的孩子，我要走啦……”

1882 年 4 月 19 日下午 4 点，达尔文停止了呼吸。临终的那一刻，他还紧紧握着埃玛的双手，像是有很多话要诉说。

一个伟大的生命画上了圆圆的句号。

埃玛和子女们一边着手准备葬礼，一边向亲友发出讣告。达尔文临终时留下遗言，希望自己被埋在自家的墓地，陪伴哥哥伊拉兹马斯和夭折的大女儿安妮。他的家人和村民们也都希望他能在他已生活了 40 多年的土地上长眠。

但是另外的一些人则认为，达尔文的成就在他的领域几乎无人能比，应该为他举行国葬，埋到英国的先贤祠——威斯敏斯特大教堂。

第二天，英国的报纸纷纷发表评论，呼吁把这位“自牛顿以来最伟大的英国人”与牛顿等人埋在一起，这样后人才能

凭吊。

有一家报纸还指出,早在15年前,普鲁士国王就已经授予达尔文爵位,而英国女王却没有宣读,使得达尔文死时的身份仍是平民一个,此时更应该以入祠祀奉,以弥补英国对这一儿子的不公平待遇。(后来达尔文有三个儿子被陆续授予爵士头衔)还有报纸评论说,与比已埋在威斯敏斯特大教堂的许多政治家相比,达尔文更属于那里,因为"与这位震撼世界的思想家的成果所产生的巨大影响相比,日常政治的喧嚣大部分不过是尘土一般的贫乏"。

争议,激烈的争议仍在进行当中,但是结局,有些出乎人们的意料。

在媒体的呼吁声中,王家学会会长写信给达尔文的家人,希望他们答应达尔文入葬威斯敏斯特大教堂。与此同时,达尔文的邻居、林耐学会会长兼议员约翰·鲁巴克在收集了28位议员的签名后,也向威斯敏斯特大教堂主教发出了请愿书。正在法国访问的威斯敏斯特大教堂主教在未收到议会的请愿书之前,就已发电报表示同意让达尔文入葬威斯敏斯特大教堂。大主教的态度,给达尔文身后何处安眠的事情,一锤定音。

葬礼于4月26日举行。

埃玛没有出席葬礼。是的,我们不能对她再提出更高的要求了,半年多的时间里,她照顾着丈夫,真的是已经筋疲力尽了。那一天,她正在患病,卧倒在床上,丈夫的离去,像一发重型炮弹,把她彻底击倒了,几天的时间里,她吃不下饭,也睡不好觉。总感觉达尔文还在书房里,趴在写字台上,不停地写着。埃玛甚至固执地还要坚持给丈夫再端去一杯热咖啡,送上一碟奶酪。

还有一个小细节,值得在这里留下一笔,就是谁来为达尔文抬棺呢?英国是一个极为讲究门第和阶级的国度,为死者抬棺那是非常严肃的。那既是死者身份的象征,也明示着一个家庭的社会地位和官方的认可程度。

经过反复筛选和研究,抬棺的名单定下来了。因为这件事情在英国人看来是至关重要的,笔者还是尽量罗列出他们的名字吧:这些抬棺者一共有 10 个人,除了达尔文最亲密的朋友植物学家约瑟夫·胡克、达尔文的支持者赫胥黎和华莱士这三人,还有鲁巴克、一名威斯敏斯特大教堂的教士、代表科学界的王家学会会长、一名伯爵、两名公爵代表政府(其中一位是达尔文的母校剑桥大学的校长),以及一名代表外宾的美国大使。这个规格别说是在当年,即使是在今天也是让人感动震惊的了。

送葬的队伍缓缓地行进在伦敦的大街,无数个市民默默地伫立在街道两旁,包括伦敦市长,王家学会、林耐学会和其他科学学会的会员们,以及各国、各界代表,都走在送葬的队伍里。

大教堂到了。在“得智慧,得聪明的,这人便为有福”的赞美诗歌声中,达尔文被埋在了牛顿墓的旁边。

今天我们讨论达尔文的葬礼,英国人当年此举真的是极具讽刺意味的,达尔文的进化论学说与基督教的理论恰恰是水火不相容的。但从另一方面讲,我们对英国人的做法又感到无比敬佩,无论是官方还是媒体,在达尔文身上的态度都折射出了英国人的宽宏大度。他们把最高的荣誉给了这个一生探求生命科学的先驱,尽管很多人在学说观点上是达尔文的敌人。

如此高规格地安葬一个有着争议的人,让科学家得到的是尊重,这种礼节是对知识的敬畏,没有人觉得把提出动摇了基督教世界的学说的人埋在大教堂里有何不妥。

著名的《时报》这样评论说:“该大教堂需要这个葬礼甚于该葬礼需要大教堂。”

进化论与基督教的冲突表面上似乎已成为历史,而英国基督教领袖们也抓住这次机会在世人面前表演了一下他们的宽容。请看看媒体的评论吧——《旗帜报》宣称:“真正的基督徒能够像接受天文学和地质学一样接受进化论的主要科学事实,而不会对更古老和珍贵的信仰产生任何偏见。”高教会派的报纸《晨报》声称:“我们无法欣赏他的理论的全部,但是我们能够敬佩他的生活。”

历史就是这样充满了传奇色彩。事实上达尔文死时不仅不信神,而且对基督教极其反感。他生前不愿公开他的宗教立场的原因到今天也是有争议的,有研究者分析一方面是因为他不愿参与到争端中;另一方面因为他认为,不信神的立场只配有教养的人,还没到让普通大众接受无神论的时机。所以,他才有写完了《物种起源》一书并没有急于发表的行为。但是,私下里,达尔文承认自己反对基督教的立场。他晚年写的自传足以证明这一点。在自传中,他用了一章的篇幅专门阐述自己的信仰,驳斥各种有关上帝存在的证据,认为没有任何原因相信上帝是存在的,并详述了自己怎样唾弃基督教的。他甚至抨击基督教的教义"真是一种可诅咒的教义"。

达尔文是一个终生都在探索进化论的始祖,是一个在各种争议中坚持自己观点的战士,是一个对世界的科学史特别是在生命起源课题做出重大研究成果的科学家。

在走过73个不平凡的岁月后,他永远地睡着了。

达尔文静静地安眠在著名的科学家牛顿的墓旁,教堂里的钟声响了,两位大科学家步入天国的灵魂,或许还会坐在一起,热烈地讨论着有关生命起源的话题呢。

他死后的一百多年又过去了,关于物种起源的话题如今依然在世界范围热烈地讨论着,因为科学是没有止境的,叩问生命之源的声音,在轻轻地呼唤着,呼唤着,让更多的朋友踏着达尔文的足迹前行吧,前行吧,这个地球上还有许多神奇的秘密等待你来解开呢。

阅读思考

① 好好读一遍本书,指出达尔文的《物种起源》的核心究竟是什么?它对整个世界的影响在哪里?

② 达尔文死后的一百多年过去了,关于物种起源的话题如今依然在世界范围热烈地讨论着,科学无止境。你做好准备了吗?

附录　达尔文年谱

1809 年　2 月 12 日,查尔斯·达尔文出生在英国什鲁斯伯里镇。

1817 年　妈妈去世。

1817—1825 年　在什鲁斯伯里私立中学就读。

1825—1827 年　在苏格兰爱丁堡大学攻读医学。

1828—1831 年　在英国剑桥大学就读。

1831—1836 年　随“贝格尔号”军舰环球考察。

1837 年　开始写作第一本物种演变笔记。

1838 年　阅读托马斯·马尔萨斯的著作《人口论》。

1839 年　1 月,与埃玛结婚。12 月,儿子威廉出生。

1839—

1843 年　编纂五卷本巨著《贝格尔号动物学》

1842 年　移居到伦敦郊外的唐恩花园。

1842—

1846 年　撰写三卷本著作《贝格尔号地质学》。

1844 年　撰写未发表的阐述进化论的论文。

1846—

1855 年　就藤壶问题进行研究写作。

1855 年　开始撰写关于进化论的主要著作。

1858 年　伦敦林奈学会宣读达尔文和华莱士合作的关于进化论的论文。

1859 年　发表《物种起源》。

1860 年　英国科学促进会年会在牛津大学进行关于进化问题的大辩论。

1863—

1865 年　病情延续。

1868 年　发表《家养动物和培育植物的变异》。

1871 年　发表《人类的起源》。

1872 年　发表《人类和动物情感的表达》。

1881 年　发表关于蚯蚓的著作。

1882 年　4 月 19 日,达尔文在唐恩花园逝世;4 月 26 日,厚葬于威斯敏斯特大教堂。